中国粮食主产区粮食生产技术效率评价及提升路径研究

何 尧 郝 平 费丰珉 著

中国农业出版社

农村读物出版社

北 京

U0644413

前言
FOREWORD

————————————————————————

中华民族有五千多年的农耕文明，粮食种植业历史悠久，中国作为人口数量最多的国家，人民的吃饭问题始终是头等大事。粮食生产是保障社会稳定的基础性战略性产业，国家始终将其视为重中之重，并出台了一系列强农、惠农、富农政策，使我国粮食生产取得了显著成绩，粮食产量实现连年增长，其中粮食主产区对我国粮食安全做出了突出贡献，2022年中国粮食主产区的粮食产量占全国粮食总产量的72.61%。近年来我国粮食生产情况一片向好，但仍然面临着严峻的挑战，随着城市化、工业化的推进，耕地资源的稀缺性逐年凸显。纵观近年来我国粮食供需情况，粮食进口额从2004年开始逐渐增加，贸易逆差也在逐渐扩大，这进一步引发了国家对粮食安全的思考。为实现"确保国家粮食安全，把中国人的饭碗牢牢端在自己手上"这一重要战略目标，我们仍需要为增加粮食产量、提高粮食质量而不断努力。目前实现粮食增产提质的主要途径有两种：一是增加生产投入要素，二是提高粮食生产技术效率。但在实际生产过程中由于土地等生产投入要素的有限性和稀缺性，生产者不可能持续依赖增加生产投入要素来增加粮食产量，因此提高粮食生产技术效率，是目前实现我国粮食增产提质最现实可行的途径。特别是提高粮食主产区粮食生产技术效率，对保障国家粮食安全具有重要意义。

鉴于此，本研究首先在宏观上对我国粮食主产区的粮食生产现状进行综合分析，然后结合2004—2021年中国粮食主产区粮食生产面板数据，运用随机前沿分析法建立生产函数模型对我国粮食主产区的实际生产技术效率进行科学测度。并建立效率损失模型对影响粮食主产区粮食生产技术效率的因素进行了分析。结果表明，2004—2021年中国粮食主产区的实际生产技术效率均值为85.76%，存在14.24%的技术效率损失。从各粮食主产省份的技术效率均值来看，地区间粮食生产发展不均衡，存在较大差异。在影响粮食生产技术效率的因素中粮食作物受灾率、劳均机械使用量、城镇化率与粮食生产技术效率呈现负相关，劳均播种面积、平均化肥施用量、有效灌溉率、农村居民家庭人均收入、平均受教育年限、财政支农占比对粮食生产技术效率有正向影响。从农户内生发展路径、政府外援支持路径和多重相关路径三个方面综合探究提升中国粮食主产区粮食生产技术效率的路径，最后结合中国粮食主产区生产现状给出加快集约化生产模式推广、加快建立并完善粮食生产保障机制、加大技术研发推广力度、完善土地流转制度等对策建议。

本书出版依托潍坊科技学院农圣文化研究中心。由于才疏学浅，研究团队虽历经数十个月阅读上千篇文献，多渠道查阅详读大量资料，但本书仍存在诸多不足和需要进一步完善的地方，研究团队今后将在现有基础上持续探索中国粮食生产问题。

目 录
CONTENTS

1 绪 论

1.1 问题提出

1.1.1 研究背景

民以食为天，食以安为先。我国是一个农业大国，有 14 亿多人口，每天粮食消耗 70 万吨，保障国家粮食安全是维护国家安全的重中之重。粮食是人类生活中最基本的物资，也是经济社会发展的基础，国家一直把粮食生产问题放在首要位置来解决，粮食生产是农业发展的一个永恒课题。粮食生产是维持社会稳定的基础性战略产业，"仓廪实则天下安"，吃饭问题始终是作为人口大国的中国的头等大事。新中国成立之前，长期的战乱给农村经济带来了严重破坏，农业生产力低下，灾荒频繁发生。1949 年，我国粮食总产量仅为 1.13 亿吨，人均 208 千克，不计种子、饲料等，则人均原粮每天不及 0.5 千克。1966 年，我国粮食总产量首次突破 2 亿吨，较新中国成立初期增长了近一倍。1982 年后，中央连续五年出台一号文件确定了家庭联产承包责任制的基本经营体制，粮食总产量于 1984 年再创新高，实现了 4 亿吨的突破。2004 年中央一号文件时隔 18 年再次回归"三农"主题，关注农民增产增收问题，"两个趋向"重要论断和"工业反哺农业、城市支持农村"十二字方针应运而生，标志着中国农业迎来了新的发展机遇。2005 年开始我国逐渐减免农业税，实行粮食补贴，随后又相继出台了一系列强农、惠农、富农政策，使粮食总产量连年增长，创造了 2004—2022 年粮食总产量连续 19 年增长的佳绩，粮食生产方面取得斐然成绩。2022 年，我国粮食总产量达到了 6.87 亿吨。从图 1-1 中可以看出，1949—2021 年我国在粮食播种面积波动下降的趋势中实现了粮食总产量的稳步增长，说明我国农业的生产能力逐年提升，不仅满足了中国人民温饱的愿望，更创造了以占世界 6% 的淡水资源和 9% 的耕地养活世界近 20% 的人口的伟大奇迹。

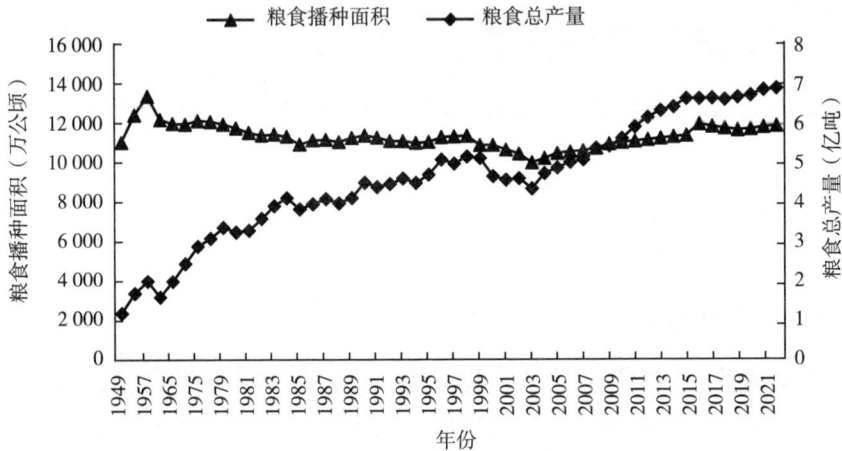

图 1-1 1949—2021 年我国粮食总产量和粮食播种面积变化

值得一提的是，2022 年中国粮食 6.87 亿吨的总产量中有 72.61% 的粮食产自 13 个粮食主产区——河北省、内蒙古自治区、辽宁省、吉林省、黑龙江省、江苏省、河南省、山东省、湖北省、湖南省、江西省、安徽省、四川省，2022 年这 13 个省份粮食总产量之和超 5 亿吨，粮食总产量超 5 500 万吨的有 3 个省份，分别为黑龙江省、河南省、山东省（表 1-1）。限于气候条件，黑龙江省一年一熟拉低了其单位面积产量，但广阔的土地面积和肥沃的黑土地促使黑龙江省成为我国第一产粮大省。河南省和山东省农耕文明悠久，自古以来就是产粮大省，相比于黑龙江省虽然耕地面积不占优势，但纬度较低，部分区域可实现两年三熟，加上山东省更靠近海洋，降水条件较好，使得两省份的单位面积产量较高，因此粮食产量能够占到全国总产量的 9.89%、8.08%，仅次于黑龙江省。粮食总产量在 3 000 万～4 100 万吨的省份有 7 个，安徽省、吉林省粮食总产量均超 4 000 万吨，内蒙古的辽阔大草原、四川的天府平原、湖南肥沃的洞庭湖平原具有得天独厚的自然环境，使得这 3 个省份粮食总产量跻身全国前十。粮食总产量超过 2 000 万吨的粮食主产区还有湖北省、辽宁省、江西省。综上可知，中国粮食主产区为保障我国粮食安全做出了突出的贡献。因此，保障国家粮食安全关键在于稳住粮食主产区的生产大局。

表 1-1　2022 年中国粮食主产区粮食总产量及单产情况

省份	粮食总产量（万吨）	单产（千克/公顷）	产量占比（%）	产量全国排名	单产全国排名
黑龙江省	7 763	5 287	11.31	1	23
河南省	6 789	6 299	9.89	2	9
山东省	5 544	6 622	8.08	3	7
安徽省	4 100	5 606	5.97	4	18
吉林省	4 081	7 054	5.94	5	3
内蒙古自治区	3 901	5 611	5.68	6	17
河北省	3 865	5 998	5.63	7	12
江苏省	3 769	6 923	5.49	8	5
四川省	3 511	5 432	5.11	9	20
湖南省	3 018	6 333	4.4	10	8
湖北省	2 741	5 846	3.99	11	14
辽宁省	2 485	6 976	3.62	12	4
江西省	2 152	5 698	3.13	13	16

　　在取得显著成绩的同时中国粮食生产仍然面临严峻的挑战，农业生态资源环境的恶化也对粮食的可持续生产产生巨大威胁，随着城市化、工业化的推进，耕地资源的稀缺性日益显著，土地资源数量短缺、质量下降。人均耕地少、优质耕地少、后备耕地资源少"三少"的土地国情限制着粮食种植业的发展，要求实行最严格的土地政策；另外，农业机械化、农业化学的发展虽然带来了粮食的增产，但对土地造成了损害，土地污染严重也是粮食增产提质面临的重大挑战。淡水资源缺乏，人均淡水仅为世界平均水平的不到三分之一，不仅数量少，而且酸雨、地下水污染等生态污染严重影响着水质，因此淡水资源缺乏成为粮食生产可持续发展的又一限制

因素。与此同时，生育政策全面放开后无疑也会增加粮食供需矛盾。此外，受粮食价格波动等多种因素的影响，中国粮食播种面积在农作物播种总面积中的占比由 1995 年的 73.43% 降至 2021 年的 68.9%。纵观近年来的粮食供需情况，十多年间，中国粮食的进口总量从 2004 年的 2 298 万吨陡增至 2022 年的 14 687 万吨，增加了约 5.4 倍。受新冠疫情、极端天气等因素影响，2019 年底起，国际市场粮价虽有波动，但持续处于高位，部分国家国内市场粮食价格呈现持续上涨态势，加上生态环境风险的加大与人口的巨大压力，全球粮食安全与供给结构面临更严峻挑战。特别是 2020 年国际粮食市场紧张局势加剧，中国在国际粮食贸易中处于逆差地位，贸易逆差从 2004 年的 1 784 万吨扩大至 2020 年的 1.65 亿吨，农产品贸易逆差高达 948 亿美元，逆差额再冲历史新高，综合多方面因素来看，保障国家粮食安全任重道远。

国家在"十四五"规划中提出要全面落实藏粮于地、藏粮于技，夯实农业生产基础，提升粮食等重要农产品供给保障水平，为提高粮食产能提供新思路。随着城市化进程的推进，人地矛盾日益尖锐，因此现在单纯通过扩大粮食生产面积来增加粮食产量的途径几乎不能实现，在信息化的背景下，粮食增产提质的唯一出路就是依靠技术。早在 1982 年，中央一号文件就开始强调要通过发展农业科学技术来提高效益，到 2015 年，中央一号文件仍然在强调技术支农的重要性，提出强化农业科技创新驱动作用，实施粮食丰产科技工程，以提高粮食产量。2017 年，国务院印发了建立粮食生产功能区的相关指导意见，仍特别强调了提升农技推广和服务水平以强化综合生产能力。2021 年，国务院印发的《"十四五"推进农业农村现代化规划》明确指出，"开展乡村振兴科技支撑行动，加强农业科技社会化服务体系建设，完善农业科技推广服务云平台，推行科技特派员制度，强化公益性农技推广机构建设"。2023 年，中央一号文件再次强调保障粮食安全是首要任务，采用先进的科学技术手段如农业装备化、智能化来协助粮食生产，保障粮食及重要农产品的有效供给。

新冠疫情对粮食生产、加工、物流、配送等多环节造成影响。习近平总书记强调，越是面对风险挑战，越要稳住农业，越要确保粮食和重要副食品安全。疫情对于全球粮食生产的影响仍在持续，尽管实践证明国际粮价大涨对于国内市场粮价影响有限，但是仍然会给农业产业带来一定的压力。例如，随着生活水平的不断提高，人们对食品的需求更加多样化，对高质量的粮食需求增加，高位的国际粮价给中国带来更多的进口压力，中国粮食进口量 2014 年突破 1 亿吨，2021 年粮食进口总量更是达到 1.645亿吨之多，实现历史新高，这无疑对保障粮食安全形成一定挑战；同时，高位的国际粮价将会推动粮食生产和物流成本的上升，导致农民比较收益下降，农民种粮得利空间变小，进一步影响农民种粮积极性；更值得一提的是，国际粮价的波动对国内市场粮食价格的影响并不直接，国际市场粮价持续处于高位与国内粮食库存充足、部分农产品价格低迷的状态形成矛盾，农业生产经营者在国内市场难以获得高回报，从而加剧农业产业的矛盾。面临巨大压力的同时，全球农业加速转型，农产品工业化和数字化快速发展，为稳步提高粮食供应能力，推动农业可持续发展提供了机遇。时至今日，党的十九大报告仍在强调保障粮食安全需付出卓绝的努力，要求通过加快推进农业供给侧结构性改革，扩大粮食优质增量供给，实现粮食供需的动态平衡，并对粮食生产技术进步和创新提出了更高的要求。保障国家粮食安全是一个永恒的课题，它牵动着国家命脉，关乎国家稳定，粮食主产区的生产能力对整个国家的粮食安全起着至关重要的作用。而粮食生产想要实现增产提质，必须依赖于粮食生产技术进步、生产技术效率的提高，故粮食主产区粮食生产技术情况直接关系着中国粮食安全大局。因此，科学测度粮食主产区粮食生产技术进步及技术效率，全面了解粮食主产区生产现状，并深入探究影响粮食生产技术效率的主要因素，针对存在的问题提出相应调整和完善的建议，对粮食主产区及时调整各项要素投入组合，合理配置粮食生产存量资源，提高粮食生产技术效率，提高粮食质量、增加粮食产量，保障国家粮食生产安全等诸多方面都有一定的理论与实践意义。

1.1.2　研究目的与意义

1.1.2.1　研究目的

大量事实已经表明，无论在什么样的时代背景下，保障国家粮食安全是永恒的话题。但是随着时代背景发生变化，中国的粮食安全已经不仅仅追求粮食数量上的安全，质量安全、生态安全逐渐成为粮食安全的重要内容。这就要对粮食生产技术进步方式和实现路径做出战略性的调整，有效应对新形势的变化及粮食生产过程中面临的各种挑战，最终实现利用有限的资源高效率生产粮食，保障粮食的数量安全、质量安全、生态安全等多元安全的目标。

鉴于以上背景，目前我国粮食主产区的粮食生产技术进步和技术效率情况如何？哪些因素影响着主产区的粮食生产技术效率？从哪些方面改进可以提高粮食生产技术效率？本研究利用 13 个粮食主产区省际面板数据，采用随机前沿分析（Stochastic Frontier Analysis，SFA）方法，建立生产函数模型和技术效率损失模型，通过对粮食主产区粮食生产技术效率的分析，达到以下目的：

（1）描述分析中国粮食主产区的粮食生产近况，全面把握 13 个主产省份粮食播种面积、产量、种植结构等相关投入产出情况。

（2）科学计量 13 个主产省份粮食生产技术效率，对比空间差异及时间变化趋势，进一步分析各投入要素的产出弹性，揭示各要素的产出效应，对各个粮食主产区调整投入要素组合结构、提高要素利用水平提出合理化建议。

（3）建立技术效率损失模型，实证分析影响粮食生产技术效率的各个因素，分析各要素对粮食生产技术效率的影响程度，并提出提高粮食生产技术效率需要改进方面的针对性建议。

1.1.2.2 研究意义

食为人天，农为正本。农业经济不稳定国家的发展就面临危险，农民不种粮食心里不安稳，农业经济是农民生活水平提高、农村发展乃至国家稳定的基础。中国粮食安全问题是一个永恒而又复杂的话题，其中保障粮食生产的高效率、保证粮食产量的稳定是国家关注的中心。本研究在宏观层面上运用 SFA 方法建立随机前沿生产函数和技术效率损失函数，测算粮食主产区粮食生产技术效率，探究粮食生产技术效率的时空差异，分析影响其技术效率的因素，探究粮食生产技术效率提升的路径，因地制宜地提出有针对性的对策意见，在一定程度上能够为中国粮食生产技术效率及粮食生产影响因素的研究提供一点研究思路。此外，对中国粮食主产区生产现状的分析有助于粮食主产区明晰自身生产的优劣势，从而增强所提出的战略和对策的科学性。

作为关乎国民经济和民生的特殊商品，粮食安全与否直接影响社会稳定。保障粮食有效供给、提高粮食综合生产能力，特别是粮食主产区的综合生产能力，在保障中国粮食安全方面起着至关重要的作用。科技兴农是一项系统的工程，国家出台一系列如农机具购置补贴等措施支持科技创新推动粮食增产，但在实施和推广过程中，粮食主产区粮食生产技术效率如何？有哪些影响因素制约着各个主产区粮食生产技术效率的提高？粮食生产技术效率提升路径如何？这些问题需要科学的测度与分析。本研究以粮食主产区的投入产出情况为基础，对粮食主产区粮食生产技术效率进行了科学测度，创新性地选取可能影响粮食主产区生产技术效率的因素，并进行分析，探究其对粮食主产区生产技术效率的影响，以期全面掌握中国粮食主产区粮食生产情况，分析粮食主产区粮食生产的比较优势及地位，并针对引起技术无效率的因素提出合理化建议，有助于粮食主产区明确自身情况并为其提高粮食综合生产能力、提高粮食生产技术效率提供新思路。综上所述，本研究的实际应用价值在于通过对我国粮食主产区生产技术效率的分析，提出相应的优化改进策略，为其粮食生产实际发展过程中相关决策的制定提供一定的科学依据和参考借鉴。

就理论意义而言，对于粮食生产技术效率的相关研究已经非常丰富了，国内外很多学者将研究重点集中在粮食这一重要民生产品的相关经济问题上，并将多种经济计量模型引入粮食生产技术效率测算当中，考虑数据的可获得性，对于如何选取合理的投入指标以确保国家层面、省级层面、市级层面甚至是县级层面的生产技术效率测算的准确性一直是学者们不断努力创新的方向，本研究也试图在生产投入要素选择及技术效率影响因素方面丰富视野并有所贡献。

1.2　国内外研究动态

1.2.1　国外粮食生产效率研究综述

对于粮食生产技术效率的研究已经成为当代农业经济学研究领域十分

重要的组成部分。根据已有文献，国外学者对粮食生产技术效率进行的研究较早，由美国著名经济学家索洛提出的 SRA（索洛余值法）是测算全要素生产效率的最传统方法，然而在实际的生产活动中，生产者很难达到其设定的技术边界，因此其理论假定不符合现实。鉴于此，Farrell（1957）开创性地提出了前沿生产函数，发展至今，研究粮食生产技术效率主要集中使用两种基本方法——非参数方法和参数方法。非参数方法多结合数据包络分析（DEA）展开，而参数方法以随机性和确定性为主，其中考虑随机因素的影响多采用随机前沿生产函数（SFA）进行研究。1977 年 Aigner 等提出了随机前沿生产函数，在此基础上国外学者对技术效率进行了大量研究，Schmidt（1980，1986）、Bauer（1990）、Battese 等（1995）对技术效率的发展做出了巨大贡献，不断被丰富发展的随机前沿生产函数加入了对技术非效率的分析，至此，影响生产效率的因素从要素生产效率变化率中分离了出来，为更加深入地探讨影响经济增长的根源提供了条件。

对于粮食生产技术效率的测算研究，国外的文献是十分丰富的，因发展中国家粮食安全问题更为突出，因此国外众多学者将其研究视角集中在发展中国家。Ivaldi 等（1994）使用 SFA 模型测算了法国粮食生产商的粮食生产技术效率。Helmut 等（2002）利用世界 57 个国家稻谷生产面板数据，对稻谷生产的技术效率进行了深入研究。Chen 等（2003）利用随机生产前沿的框架对中国粮食部门的技术效率进行了研究，表明劳动和肥料的边际产量远小于土地的边际产量，人力资本和农业专业化对效率有正向影响，土地细碎化对效率有不利影响。Binam 等（2004）利用喀麦隆 450 个农户 2001—2002 年的面板数据，对刀耕火种的小农生产技术效率进行了研究。乔吉姆等（2004）利用随机前沿的分析方法，根据调查所得的喀麦隆地区几百个农户的生产种植情况，测算了其原始种植区域的小农户的技术效率。Grazhdaninova（2005）根据 2003 年对俄罗斯企业农场进行的调查数据，测算了农场生产技术效率，结果表明生产技术具有同质性，简单的扩展式生产不会消除俄罗斯与发达市场经济体之间生产力的差距。Richard（2007）运用 SFA 对菲律宾水稻种植技术效率进行了测算，并对影响技术效率的因素进行了分析，得出了灌溉和劳动力投入对菲律宾水稻生产技术效率有着显著影响并分析了两者之间的差异性。Kaur 研究了2005—2006 年旁遮普邦半丘陵地区、中部、西南部和整个旁遮普邦地区的小麦生产技术效率，小麦生产的平均技术效率分别为 87%、94%、86% 和 87%，中部地区技术效率较高，半丘陵地区和西南地区通过改善管理、优化投入结构可以提升技术效率。Hansson 等（2008）采用非参数的研究方法（DEA 分析方法）对瑞典五百多家奶牛农场的技术效率进行了测算，并基于样本选择的模型（Tobit 模型）对其生产技术效率的影响因素进行了回归分析。Boubacar 等（2014）对几内亚的水稻生产的技术效率进行了估算，得出结论：土地和经营规模的扩大对提高水稻生产技术效率起到积极作用。Abou‐Ali（2014）使用非参数前沿数学规划方法分析尼罗河水资源污染对埃及农作物生产技术效率的影响时发现，水体污染阻碍农作物生产技术效率的提高，是需要解决的首要问题。Saraikin 等（2014）对俄罗斯农业组织改革期间农业生产技术效率进行分析，发现农业生产过程中存在相当数量的失效和冗余资源，建立市场化程度较高的农业合作组织对生产技术效率的提高有益。Karimov（2014）对影响乌兹别克斯坦棉花生产技术效率的因素进行了测算，发现加强对农民的培训，并提供农业技术推广服务，能够帮助农民运用新技术，在棉花生产中提高决策能力，最终使棉花生产提高资源使用效率。Kühling 等（2016）运用DEA‐SBM 模型对西伯利亚粮食农业土地利用效率进行了测算，并分析了其时空分异特征。Majumder 等（2016）通过对孟加拉国水稻生产现状的分析，提出孟加拉国实现粮食安全需要通过提高水稻生产的技术效率和减少收获后的损失。Solovey（2017）以捷尔诺比尔地区农业企业为例，对 2010—2016 年粮食生产经济效益进行了分析，论证了该地区粮食作物实现粮食生产的经济财政效益，提出了主要粮食作物小麦、代粮玉米、大麦、荞麦、豌豆实现粮食生产的生产经济指标。Pradhan（2018）选取某年的横截面数据以及面板数据，然后针对印度粮食生产的效率问题深入研究。Tetyana（2019）鉴于农业粮食部门在国民经济中的领导地位以及粮食出口在乌克兰总出口中所占的很大份额，从经济和社会经济方法的角度对确保农业生产效率问题的理论基础进行研究，确定了提高粮食生产效率的决定因素。王美知等（2021）基于 2005—2017 年哈萨克斯坦州际数据，采用三阶段 DEA - Windows 方法分析得出：哈萨克斯坦粮食生产效率地区分异显著，北部为 0.857，西部仅为 0.112。Svetlana 等（2022）通过考察了乌克兰粮食作物生产和粮食工业发展的技术支持问题，针对集约化对冬小麦产量和生产效率的影响进行了析因分析，发现小麦产量与生产成本直接相关，盈利能力与生产成本呈反比关系。Abdul 等（2022）基于2016—2017 年的农业调查数据，考察了巴基斯坦旁遮普省小麦、水稻和玉米生产的技术效率，调查发现在不同规模收益条件下，小麦种植的技术效率平均为 0.65，水稻的平均系数为 0.74，玉米的平均系数为 0.92。

从科技进步对生产技术的影响方面来看，Robertson 等（2005）研究表明在农业生产中，高科技的应用不仅对农业生产效率具有明显的促进作用，而且能减少农业生产过程中对环境造成的污染，有利于实现农业的绿色可持续发展。Kassie 等（2011）也以乌干达地区作为研究对象，基于调查的样本数据，对农业技术、农户家庭收入水平以及贫困地区的贫困程度这三个方面的作用机理进行了探讨分析，结果表明农业科技水平的提升可以有效促进当地生产力的发展，增加农作物种植户的务农收入和家庭总收入，从而提高贫困地区的生活水平和经济效益。Liu 等（2015）运用非参数数据包络分析技术，研究了 2000—2012 年东北地区农业技术效率的变化情况，发现农业平均纯技术效率为 0.79，为了刺激生产力的增长，提出要更加注重提高生产效率，加大农业技术投入力度，加强农业教育和农业科研，帮助农民提高农业技术效率和生产力。Souza（2015）评价了巴西的农业生产技术效率，计算表明农业科技研究对农业生产总值和生产技术效率的提高产生了重要的作用。

对于影响粮食生产技术效率因素分析方面，Wadud 等（2000）比较了分别运用 SFA 方法和 DEA 方法获得的孟加拉国大米生产的技术效率，两种方法都肯定了孟加拉国大米生产的技术效率明显受环境退化指标和灌溉基础设施影响。Ahmad 等（2002）以巴基斯坦农场为研究对象，通过研究发现农场中种植小麦的面积越大，小麦的生产投入成本越低，产量越高，说明农场中生产经营面积的大小决定了小麦生产技术水平的高低。Prosterman（2002）坚持规模经营有害论，认为经营规模与生产效率成反比。Chavas 等（2005）在对哥伦比亚农户生产的研究中发现，粮食生产用地规模和生产效率之间的关系并不明显。Vollrath（2007）通过 DEA 模型方法对粮食生产效率进行测算，农业用地分配不均是造成农业生产效率值下降的一个关键因素。Helislu 等（2009）对爱沙尼亚的粮食生产技术效率和规模效应进行了研究，发现爱沙尼亚政府对农业补贴的增长有利于粮食生产技术效率的提高。Kumbhakar 等（2010）基于挪威粮食生产农场 1991—2006 年生产情况，探究了粮食补贴对粮食生产力和技术效率的影响，结果表明，补贴对粮食生产力有负面影响但是对粮食生产技术效率有积极影响。Latruffe 等（2013）对法国布列塔尼西部地区研究发现，在土地细碎化程度更高的情况下，由成本、产量、收入、技术和规模效率等衡量的粮食生产效率也更低。Mehmoodetal（2018）研究了信贷的配给制度对巴基斯坦奶农技术效率的影响，认为杂交育种和引进国外饲养技术都有利于技术效率的提高。Ulanchuk 等（2018）论证了喀尔喀西地区采用少耕、免耕耕作技术的农业企业的粮食生产效率，研究表明资源节约型土壤栽培创新技术在喀尔喀西地区农业企业的应用将促进粮食作物栽培经济效益的提高。Hu 等（2019）研究发现农场规模越大，技术进步率越高，越有利于促进农业生产效率的提高。Haryanto（2021）在对印度尼西亚农业家庭的生产技术效率和粮食安全的决定因素研究中，发现家庭规模、收入、土地规模、教育程度、年龄和性别对生产技术效率有显著影响。Wang 等（2021）利用中国 10 个省份数据回归得出土地细碎化会增加生产要素投入成本，减少农业机械使用，降低粮食生产效率。

此外，还有学者在技术效率研究方法及研究方向上做了分析，如 Kumbhakar（2014）通过分析挪威种粮农民生产效率发现效率结果相当敏感，建议未来实证研究中应更加关注建模和解释效率低下以及潜在的每个模型的假设，并应当适用面板数据。当前，全球粮食生产效率面临着多方面的问题，传统的农业生产方式依赖农民的经验和劳动力，生产效率低下。而现代化的农业生产方式需要大量的资金、技术和设备的投入，这对于一些贫困地区来说是难以承受的。因此，我们需要寻找一种既能够提高粮食生产效率，又能够适应不同地区和不同经济条件的农业生产方式。本研究采取 2004—2016 年的面板数据，通过建立随机前沿生产函数模型及效率损失模型，对中国粮食主产区的粮食生产技术效率进行测算，并对影响粮食生产技术效率的因素进行解释说明，以期为中国粮食主产区提高粮食生产技术效率提出针对性的建议。

1.2.2 国内粮食生产效率研究综述

国内粮食生产效率的提高是我国农业发展的关键所在，技术效率的研究最早开展于微观层面，国内学者对粮食生产技术效率的研究也大多集中于此。李静等（2011）使用随机前沿生产函数，度量了我国主要粮食主产区 2006—2009 年三种粮食作物的化肥利用效率，并对化肥利用效率的决定因素进行了分析。研究结果表明，三种作物的化肥利用效率普遍较低，分别为 0.37、0.26 和 0.37。赵红雷（2011）对我国 1995—2008 年玉米主产区的生产技术效率进行了测算，全面反映了我国玉米生产现状。张海鑫等（2012）从耕地细碎化的角度出发，利用农户微观数据建立超越对数随机前沿生产函数，结果发现安徽农业生产存在 22.03% 的效率损失，劳动力数量、耕地细碎化、土壤肥力等因素阻碍了安徽丘陵地区生产效率的提高。姚增福等（2012）实地调查了黑龙江省 460 户种粮大户，利用 SFA 模型分析了其粮食生产技术效率，发现该省生产技术效率均值仅为 62.23%，存在 37.77% 的提升空间。薛龙等（2012）采用 DEA 方法测算了 2000—2010 年河南省粮食生产技术效率，用 Tobit 模型进一步分析了影响河南省粮食生产技术效率的主要因素。单独运用 DEA 方法可以对粮食生产技术效率进行测算。姜松等（2012）采用改进后的多要素二级 CES 模型，对粮食生产中的技术进步速度进行了测算。肖芸等（2013）以陕西关中农户为例，探究了在生产规模不同的情况下粮食生产技术效率存在哪些差异，结果表明，粮食生产规模过大或者过小都不能达到最优的生产技术效率，中等经营规模的农户生产技术效率最高。Xiao 等（2014）以 2011 年辽宁省主要地区粮食生产数据为基础，采用 DEA - Tobit 两步法分析了非农就业和外包生产模式对粮食生产技术效率的影响，分析表明农场规模对农场技术效率的影响有限，农场生产外包对农场技术效率的影响显著。孙昊（2014）利用 2001—2010 年小麦主产区的样本数据，对中国小麦生产技术效率进行了测度，并进一步对技术变化趋势进行了描述。姚倩茹（2014）运用 DEA 方法对江苏省 2004—2011 年小麦、中籼稻、粳稻的生产技术效率进行了测算，结果表明江苏农户投入要素过多而导致技术效率损失。彭代彦等（2015）利用 SFA 探究了中国劳动力结构变化对粮食生产技术效率的影响，结果表明农村劳动力女性化提高了中国粮食生产技术效率，但是其贡献值在逐年下降。王琛等（2015）利用 2001—2012 年农业部对全国 30 个省份资本投入数据，分析了我国农业部门资本投入对粮食生产技术效率的影响。杨皓天等（2016）分别采用 SFA 和 DEA 两种模型，利用内蒙古 1 312 户农户调研数据，从农户微观层面对其粮食生产技术效率进行了实证分析，结果表明，未来内蒙古的粮食生产应着力在提高生产要素的质量和促进土地流转及培养高素质农民几方面努力。胡逸文等（2016）基于农户家庭禀赋和微观农户数据，利用超越对数生产函数进行随机前沿分析，结果显示，在其他条件不变的情况下，农户年龄和受教育程度分别对粮食生产技术效率具有正向和负向影响。唐建等（2016）利用时不变估计法分析 1990—2013 年中国粮食生产技术效率，实证结果表明受教育程度和家庭收入能够促进粮食生产技术效率的提升。胡逸文等（2017）把环境和随机误差因素纳入农户粮食生产效率评价体系中，使用三阶段 DEA 模型对不同规模农户粮食生产效率进行实证研究，结果表明农户粮食种植经验对粮食生产效率影响显著，而受教育程度对粮食生产效率影响不显著，说明粮食生产仍然属于"经验农业"。张艳虹等（2017）基于 SFA 方法对黑龙江省 1 000 余户农民生产技术效率影响因素进行了研究。沈雪等（2017）利用随机前沿分析法对湖北省不同规模的稻田进行了技术效率的测算与比较。朱满德等（2017）运用随机前沿函数和效率损失函数，探究分析了农业三项补贴等因素对粳稻技术效率的影响，结果表明加大农业补贴力度可以有效提高粳稻的生产力水平。陈红等（2018）运用三阶段 DEA 模型分析了粮食生产的环境要素、影响粮食生产效率的原因以及对各省和不同功能区的影响方向和强度，测算结果表明：环境因素对各个决策单元粮食生产效率均有显著影响，对粮食生产投入要素松弛量的影响方向和强度不同。冯俊华等（2018）综合运用 DEA 模型和 Malquist 指数对陕西省农业生产效率进行了静态和动态两个维度的测算，研究发现陕西省农业生产效率不高，但整体发展态势比较均衡，且技术进步能有效推动陕西省农业生产效率的提高。田红宇等（2018）研究表明，农用化肥、农用机械以及支农政策对粮食生产效率存在正向影响，其中农用化肥投入对于技术效率的影响并不显著。尚丽（2018）运用 DEA 模型测算分析陕西省粮食生产效率及影响因素，发现粮食作物播种面积、农用化肥施用折纯量、农业机械总动力这三个相关指标与粮食生产效率呈正向影响关系，粮食生产劳动力与粮食生产效率呈反比关系。刘超等（2018）运用同样的方法对粮食作物中的玉米作物进行了效率测算，并在此基础上使用效率损失函数加以分析，结果表明玉米生产技术效率在 1995—2015 年的不同时间段出现不同的波动幅度，但从整体上来看效率呈缓慢上升趋势。张瑞娟等（2018）对小农户和种粮大户之间技术采纳行为及技术效率的差异进行对比分析，认为土地规模越大，粮食生产技术效率提高得越多。张云华等（2019）构建相关随机效应模型实证分析氮元素施用对农户家庭层面"加总"粮食生产效率的影响，研究发现中国农户粮食生产过程中氮元素施用过量，对粮食生产效率具有显著的负向影响，且这一结论是稳健的。韦琳惠（2019）基于我国棉花主产省份的投入产出数据，通过具体的研究表明：在影响棉花生产技术效率的众多因素中，棉花种植规模、城市的经济发展水平和农村基础设施建设与棉花生产技术效率存在显著的负相关关系，而棉花生产的灌溉水平、农户文化水平和农民的家庭收入与棉花生产技术效率具有明显的正相关关系。杨思雨等基于 2019 年对早稻种植户的调研，运用数据包络分析法的非径向 SBM 模型测算早稻生产技术效率，并采用 Tobit 模型和分位数模型分析农机社会化服务对早稻生产技术效率的影响。彭超等（2020）运用随机前沿生产函数模型，评估农业机械化对农户"加总"粮食生产技术效率的作用效果，指出未来的农业技术路径和制度路径应当是"改地适机"。王博等（2020）运用三阶段 DEA 模型分析棉花生产技术效率的影响因素，研究得出人均耕地面积和财政资金支农力度可以促进棉花生产技术效率的提高，而棉花目标价格补贴政策和棉花种植规模对棉花生产技术效率具有负向作用。张清学等（2021）采用随机前沿模型测度了样本农户玉米生产技术效率，并使用技术效率损失模型确定其影响因素，得出了在 6.67 公顷以内经营规模与技术效率呈倒 U 形关系的结论。黄炎中等（2021）指出农业生产的季节性特征使得农户兼业已经成为我国农民分化的重要趋势，随后利用 IV - Tobit 和门槛效应模型论证了农户兼业对粮食生产效率的非线性影响。崔钊达（2021）基于814份调研数据，采用 SBM 模型测算玉米生产技术效率，实证分析结果表明保护性耕作技术的采用对玉米生产技术效率存在促进作用。朱丽娟等（2021）基于 2 058 份农户调研数据，采用随机前沿生产函数测算对农户小麦生产技术效率进行了研究，分析结果表明生产服务外包有利于提高农户小麦生产技术效率。宋浩楠等（2021）根据农村示范基地五年的面板数据，采用中介效应模型分析得出土地零碎化程度可以直接影响农业生产效率，呈现出先上升后下降的倒 U 形影响机理。鲁庆尧等（2021）运用随机前沿分析法对影响江苏省农业生产效率的因素进行了具体分析，得出一个城市的经济发展水平越高，交通设施条件越完善，农业的生产技术效率水平就越高。曾尉峰（2022）采用 DEA - BCC 模型对湖南省邵阳市2005—2018 年的投入产出情况进行了分析，研究结果发现除 2018 年外，其余年份均未达到 DEA 有效。张志新等（2022）使用动态面板两步差分GMM 和双重中介效应的方法，研究得出农业基础设施对粮食生产效率有正向影响，但不同类型农业基础设施对粮食生产效率的影响存在明显的差异性。姜常宜等（2022）采用随机前沿法测算 2010—2019 年全国 31 个省份农业生产效率，研究劳动力老龄化对农业技术效率的影响。史雯雯（2022）采用 DEA - BCC 模型，利用 14 年的数据从横纵向两方面对山西省的农业生产效率进行测算，研究结果表明山西省整体农业生产效率较高，但存在地区农业生产发展不平衡、投入产出存在不同程度冗余等问题。宦梅丽等（2023）通过考察农机服务对技术效率的影响及在不同要素密集型环节的差异，研究发现总体上农机服务对技术效率存在显著正向效应。谢冬梅等（2023）利用 1998—2020 年中国 31 个省份的面板数据，采用空间杜宾模型，分析得出农业机械化水平对粮食生产技术效率具有显著的空间溢出效应。

　　国内从中观层面研究粮食生产技术效率的文献也十分丰富，目前研究文献主要集中在省际层面。满明俊等（2011）基于陕、甘、宁 3 个省份的农户调查数据，考察农业要素配置对技术效率的影响，指出西北地区的农户种植不同种类的作物，其技术效率存在较大的差异。殷方升等（2012）采用超越对数随机前沿生产模型对辽宁省 1994—2009 年的生产技术效率进行了测算，结果发现 2006—2009 年辽宁省粮食生产潜力有 300 万吨的可开发空间。薛龙等（2013）利用河南省 2000—2011 年面板数据对河南省粮食生产的技术效率、规模效率进行了分析，结果表明生产规模效率低下是制约粮食生产技术效率提高的重要原因。秦治领等（2014）利用 2001—2010 年的面板数据建立 SFA 模型，对陕西省粮食生产的技术效率和影响因素进行了分析，结果发现陕西省粮食生产技术效率为 79.83％。常春水等（2014）测算了吉林省 9 个地区粮食生产技术效率情况，结果表明劳均粮食播种面积（粮食生产规模）和复种指数（土地利用程度）与粮食生产效率显著正相关。冯静等（2015）运用 DEA 模型对吉林省粮食大县（市）的粮食生产效率进行了比对分析，结果发现户均粮食播种面积对生产效率具有显著的正面影响，入社比重对生产效率具有正面影响，户均农机动力则有负面影响。张利国等（2016）系统分析了在考虑环境污染因素情况下鄱阳湖生态经济区粮食生产技术效率，结果发现与不考虑环境污染因素时存在较大差异，其时序变化呈 U 形趋势。胡逸文等（2016）以河南省为例，从农民禀赋的角度出发，探讨其对粮食生产技术效率的影响，结果表明除农户受教育程度与粮食生产技术效率呈负相关以外，其余的农户家庭禀赋如固定资产等均对粮食生产技术效率有正效应。贾琳等（2017）基于黑龙江、河南和四川 3 个省份的 517 份玉米种植户的调查数据，采用 DEA 方法对玉米种植规模效率进行了测算，结果表明，推进规模经营应该因地制宜，并且要加强对农民的培训，培育高素质农民，为规模经营农户提供更好的科技支撑。杨晓璇等（2018）构建 DEA 模型测算 2003—2015 年我国 30 个省份的粮食生产效率，基于空间杜宾模型对影响粮食生产效率的各类因素进行空间依赖性分析，结果表明，我国粮食生产效率的提高不再依赖于大量中间生产要素的投入。刘春明等（2019）采用超越对数随机前沿模型对全国 31 个省份 2013—2017 年的粮食生产技术效率、各投入要素的贡献率、技术损失效率及其影响因素进行剖析。研究发现我国的粮食生产仍然有较大的技术损失，但总体的生产技术效率较高，达到 0.771 2。杨庆等（2019）利用上海、江苏、浙江、安徽等省份主体功能区规划数据，构建 DEA 模型分析各县（市）粮食生产效率的差异特征，结果表明江苏、安徽两省的技术效率变化、纯技术效率变化、规模效率变化以及 Malmquist 生产率变化均高于长三角地区农产品主产区均值。王帅等（2020）采用 Super‐SBM 模型分析了碳排放约束下的农业生产效率的差异，结果表明河南省农业碳排放强度呈现"南北高，中间低"的空间分布格局。梁伟森等（2021）选取广东省 20 个地级市（除深圳外）为样本，构建模型分析得出粮食产业的高质量发展主要依赖于财政支农和农村信息化，财政支农提升粮食生产效率。周海文（2021）选择全国 6 个省份 818 份农户调研数据，以小麦为例，运用 OLS 和 ESRM 实证研究了除草剂对粮食生产效率的影响，得出除草剂提升小麦生产效率的结论具有稳健性。于元赫等（2022）基于山东省 134 个县（市、区）统计数据，采用数据包络分析测算得出综合效率、纯技术效率和规模效率均具有显著的空间正相关性。黄峰华等（2022）利用 2010—2019 年黑龙江省农业生产面板数据及 2019 年实地调研数据，选择 DEA 方法的投入导向 BCC 模型，测算黑龙江省近 10 年农业生产效率及农业生产主体效率，结果表明，黑龙江省半湿润区粮食生产综合效率最高，干旱半干旱区最低。张晓艳等（2023）对山东省粮食生产效率与代价进行分析，得出对山东省粮食产量影响较大的因素是粮食播种面积和有效灌溉面积，两者合计贡献率达到 81.01%。

中国学者早期对粮食生产技术效率的研究主要从宏观层面开展，研究视角逐渐丰富。乔世君（2004）利用 SFA 对中国粮食生产技术效率的影响因素和空间分布进行了探究，结果表明，粮食生产技术效率时序变化不明显，存在较为显著的空间差异，即南方普遍高于北方。亢霞等（2005）利用 1992—2002 年省际成本与产量数据，通过随机前沿生产函数测算了小麦、玉米等主要农作物的生产技术效率及趋势，结果表明单纯依靠增加化肥等投入来实现粮食增产已经变得非常困难，优化生产结构是目前一条重要途径。宿桂红等（2011）通过对 1998—2008 年中国水稻生产技术效率情况的实证研究，发现水稻生产技术效率存在明显的地域间差异，主产区的明显高于其他地区。杨林等（2011）采用规模可变的产出导向型 DEA 模型展开研究，对 1990—2010 年全国粮食生产效率进行分析，得出增加各要素投入能够有效提高粮食生产总效率的结论。曹芳萍等（2012）基于随机生产边界分析方法，对我国 30 个省份

1991—2009 年粮食生产部门全要素化肥效率进行了研究，结果说明我国农业生产中全要素化肥效率处于较低水平。闵锐等（2013）在"两型"视角下探究中国 28 个省份粮食生产技术效率的空间差异，发现我国因环境污染而造成技术效率损失的现象十分普遍。马林静等（2014）基于粮食生产区域分异视角，比较分析了不同区域农村劳动力数量及质量变化对种粮技术效率的影响，分析得出农村劳动力非农转移对粮食生产技术效率的提高有显著正向积极作用。成德宁等（2015）利用2003—2012 年省际面板数据建立 SFA 模型，探究了中国农业劳动力结构的变化对粮食生产技术效率产生怎样的影响，结论表明种粮劳动力女性化制约了粮食综合生产能力的提高。唐建等（2016）利用 31 个省份的面板数据对中国粮食生产技术效率整体情况进行分析，计量结果显示中国 1990—2013 年平均粮食生产技术效率为 76.22%，仍有 23.78% 的提升空间。杨义武等（2017）运用 1999—2013 年省级面板数据，基于动态广义矩估计和空间计量模型，研究得出农业前沿技术进步和技术效率对粮食增产均具有显著的促进作用，且前者的边际效应大于后者。蔡荣等（2018）采用 SFA 模型和倾向值匹配估计法，分析得出有效推进土地流转可以使相对分散的土地集中起来经营，便于农户进行农业生产的统一管理，从而促进先进农业技术的应用和生产力水平的提高。王娜等（2018）应用 DEA 方法测量了中国种粮大省的生产技术效率，发现投入要素盈余引起了严重的农业生产环境污染，当前最为紧迫的任务就是提高农业投入的利用效率。朱建军等（2019）利用中国农村家庭追踪调查数据，从数量和质量双重视角分析农地流转对粮食生产技术效率的影响，结果表明粮食生产技术效率随着流转面积的增加先上升后下降。曲朦等（2019）从测算农户小麦生产效率入手，利用 DEA 和 Tobit 模型分析耕地流转对小麦生产效率的影响，分析得出耕地转出面积对小麦生产综合效率表现为直接的正向影响的结论。王鑫磊等（2019）对贵州省农业基础数据的研究，运用 DEA 数据模型对农业生产效率提高进行测算。范丹等（2019）对河北某县的农业生产效率进行分析评价，采用DEA 模型对环境及随机因素的影响进行定量分析，进而得出绩效评价。罗光强等（2020）构建动态面板 GMM－DIFF 模型，研究粮食生产政策对粮食生产效率影响的异质性,指出我国粮食全要素生产率虽然区域差异明显,但其总体呈现持续增长态势。王丹等(2021)依据 2001—2018 年 15 个省份的面板数据,基于农机跨区服务视角,分析农业机械化水平对小麦生产技术效率的空间影响,结果表明中国小麦平均生产技术效率为 0.698 8,年均技术变动率为 0.005 9,总体呈现波动缓慢上升趋势。江艳军等(2022)利用 2010—2017 年 124 个地级市面板数据,采用固定效应模型和工具变量法,实证检验了农旅融合对粮食生产效率具有显著性的异质性影响。闫晗等(2022)基于粮食生产综合技术效率提升的视角和中国省级面板 2008—2019 年数据,研究发现,在以规模来表征发展水平的情况下,生产性服务业的发展能够促进粮食生产综合技术效率的提高。申淑虹等(2023)基于陕西省 603 户农户的实地调研数据,运用 DEA 和 Tobit 模型分析了耕地细碎化对粮食生产技术效率的非线性影响,得出了二者呈现弱显著的倒 U 形关系的结论。Zhao 等(2023)从农业供给侧结构性改革到城镇化、工业化持续推进的现实出发,将粮食结构和粮食产量纳入评价体系,基于面板数据,对黑龙江省粮食生产效率的影响因素进行分析,研究得出农药用量、城镇化率与粮食生产效率呈显著负相关关系,化肥纯度、种植结构、粮食产量与粮食生产效率呈显著正相关关系。

1.2.3 国内外研究述评

纵观已有的研究成果,国内外学者已从诸多视角对粮食生产技术效率进行了测算,并对影响技术效率的因素开展了诸多有益研究,对当前粮食生产发展中遇到的问题也进行了深入研究。由此可见,国内外学者都在积极探究提高粮食生产技术效率和粮食综合生产能力的有效途径。虽然各国学者对粮食生产技术效率进行研究的文献已经十分丰富,但仍有进一步探讨的空间。首先,没有健全的理论体系作为支撑,尽管已经有农业经济学、计量经济学等一系列科学理论作支撑,但关于粮食生产技术效率缺乏翔实的理论支撑。其次,研究方法主要包括随机前沿分析法和数据包络分析法两种,数据包络分析法能够详细测技术效率但大多需要配合回归分析来确定其影响因素,随机前沿分析法则允许在建立生产函数的同时建立效率损失模型，但两种方法因选取测量的影响因素不同而不能对全部影响因素进行分析。

国内粮食生产效率的提高是我国农业发展的关键所在。然而，尽管在过去几十年里，许多学者提出了一系列建议与措施，以提高粮食生产效率，但随着时代的变化，我国的粮食生产技术效率仍面临着一些挑战。

综上所述，应当继续丰富粮食生产技术效率及其影响因素的研究，开拓研究视野，全面选取测量因素，为我国粮食生产的发展提供具有借鉴意义的对策建议。与此同时，创新研究方法，构建完善的理论体系，形成科学客观的研究成果，为提高粮食综合生产能力提供强有力的支撑，以确保我国粮食生产的可持续发展。

本研究从探究如何提高粮食生产投入要素使用效率的角度入手，以中国粮食主产区为研究对象，结合粮食主产区粮食生产的现状，综合选取粮食生产投入产出要素及影响技术效率的要素，对中国粮食主产区的粮食生产技术效率进行客观评价，并对影响技术效率的因素进行综合分析，据此探究提高粮食生产技术效率的路径。在一定程度上完善粮食生产技术效率及影响因素的理论研究，有助于粮食主产区明确自身情况，并为其优化资源投入组合，提高粮食综合生产能力，提高粮食生产技术效率提供新思路。

1.3　研究思路与方法

1.3.1　研究思路和技术路线

第一，本研究利用描述性分析方法对中国粮食主产区粮食生产现状进行全面分析，以期准确把握粮食主产区的投入产出情况及其对中国粮食安全的贡献情况。第二，选取粮食产量作为因变量，粮食播种面积、粮食生产机械总动力、化肥施用折纯量、劳动力人数作为自变量，建立粮食主产区生产函数模型，测度粮食生产技术效率，比较粮食主产区技术效率空间差异及时间变化趋势。第三，影响粮食生产的因素主要有资源、气候、技术、制度等因素，因此在综合考虑各个方面后选取以下变量：自然资源及气候条件方面选取劳均播种面积、耕地单位面积、受灾比例，农业科技进步水平方面选取劳均机械使用量、平均化肥施用量、有效灌溉率、人均受教育年限，农村经济发展水平方面选取农村居民人均纯收入状况、城镇化率，制度支持方面选取财政支农占比。根据上述变量建立技术效率损失模型，总结造成各主产区粮食生产技术效率损失的因素。第四，进一步测度技术进步率，把握粮食主产区粮食生产技术的动态发展情况。第五，结合模型估计结果探究提升粮食主产区粮食生产技术效率的路径并对各粮食主产区投入结构调整提出合理化建议。根据投入产出模型和效率损失模型所得结论系统提出未来提高生产效率的相关策略建议。

本研究的主要内容包括以下几个部分：

第一部分为绪论（第 1 章）。主要包括问题提出的背景、研究目的与意义，国内外研究动态，研究思路及方法，可能的创新点和不足。

第二部分为基本概念及理论基础（第 2 章）。界定生产函数、技术效率、随机前沿等相关概念，并对本研究采用的随机前沿分析方法的理论基础进行详细介绍。

第三部分为中国粮食主产区粮食生产特征（第 3 章）。使用描述性分析统计粮食主产区的粮食产量、播种面积、单产等投入产出要素的变化情况及对比情况。期望达到准确把握我国粮食主产区生产现状及其在全国粮食生产中的地位的目的。

第四部分为粮食主产区粮食生产技术效率及影响因素实证分析（第 4 章）。阐明选取要素、数据来源及处理方法、模型的选取的情况，借助 SFA 模型对生产技术效率进行测度，并构建效率损失模型，分析实证估计结果，以及分析技术进步率。

第五部分为粮食主产区粮食生产技术效率提升路径分析及建议（第 5 章至第 7 章）。根据上述分析的现状及研究结果，探究提高粮食生产技术效率的路径，系统提出未来中国粮食主产区提高粮食生产技术效率的相关策略建议。并对得出结论进行总结，对未来研究进行展望。

具体技术路线如图 1-2 所示。

```
                    ┌──────────────┐
                    │   问题提出    │
                    └──────┬───────┘
                           │
                    ┌──────▼───────┐
                    │  研究背景与意义 │
                    └──────┬───────┘
                           │
                    ┌──────▼───────┐
                    │  研究思路与方法 │
                    └──────┬───────┘
              ┌────────────┼────────────┐
         ┌────▼────┐              ┌─────▼────┐
         │ 统计分析 │              │  计量分析 │
         └─────────┘              └──────────┘
```

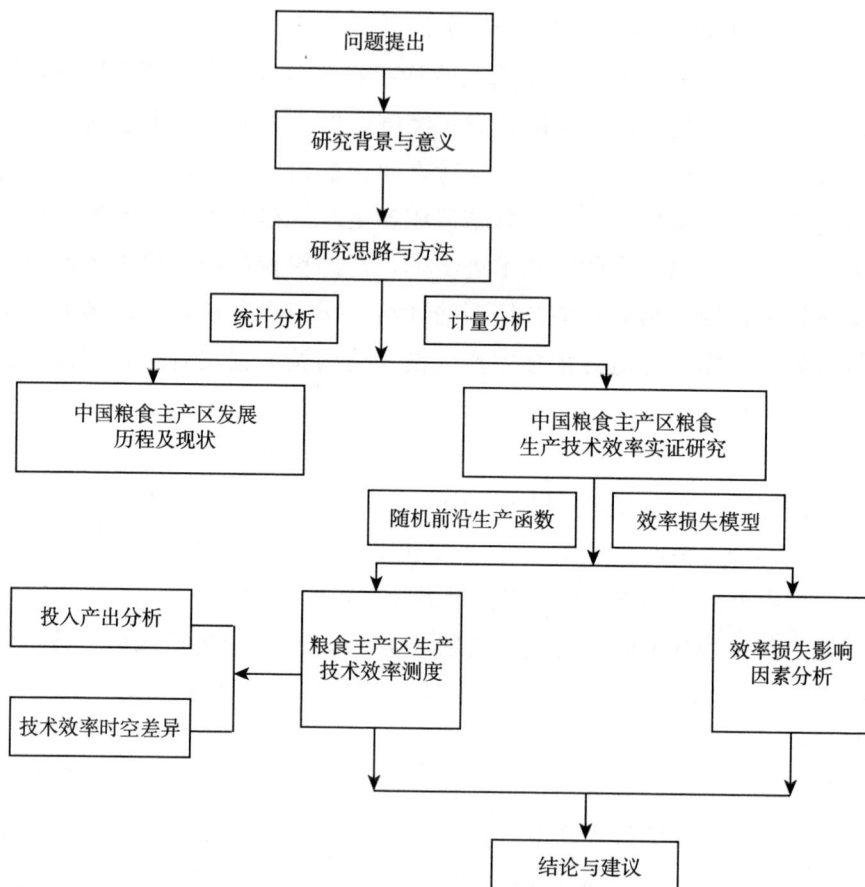

图 1-2　技术路线

1.3.2　研究方法

本研究以计量经济学、农业技术经济学等相关理论为依据，采用定性分析、定量分析、实证分析相结合的研究方法。具体方法如下：

（1）理论分析与实证研究相结合的方法。学习并整理归纳相关学科和相关文献，把握当前粮食生产技术效率国内外研究现状及研究动态和趋势，在此基础上建立中国粮食主产区的粮食生产技术效率研究体系，并通过搜集统计数据和一手数据，运用一系列的评价方法和建立相关评价模型等，对中国主产区的粮食生产现状及粮食生产技术效率进行实证研究，并提出可行性对策建议。

（2）定性分析与定量分析。根据历年《中国统计年鉴》《中国农村统计年鉴》《中国农业年鉴》《中国人口和就业统计年鉴》《中国教育统计年鉴》及中国农业信息网、人民政府与财政厅网站公布的相关数据资料，以及各省份经济统计年鉴，对中国粮食主产区生产的发展概况及现状进行相关的描述性统计分析。本研究将借助随机前沿分析方法，以柯布—道格拉斯生产函数为基础，建立中国粮食主产区粮食生产的随机前沿生产函数模型及技术效率损失模型，定量分析探究我国粮食主产区的粮食生产技术效率水平及影响技术效率的因素，并提出优化存量资源配置及投入要素组合的调整目标。

（3）比较分析方法。通过对比不同年份、不同省份的粮食生产技术效率和生产要素产出弹性，从时间和空间两个维度阐述各个粮食主产区的粮食生产情况差异，并具体分析引起粮食生产技术效率水平差异的原因，揭示各要素的产出效应。

1.4　创新点与不足之处

1.4.1　可能的创新之处

（1）本研究将研究对象集中于为国家粮食生产事业做出突出贡献的粮食主产区，全面分析最新的粮食生产格局和生产现状及存在的问题，使研究目的更加明确。

（2）综合全面选取投入产出及影响因素指标，指标选取视角多元化，并对缺失值进行合理估计。

（3）利用随机前沿分析方法建立随机前沿生产函数，加入时间变量构建粮食主产区粮食生产函数和技术无效率模型，对粮食主产区粮食生产技术效率情况和影响技术效率的因素做出一系列定量测量和评价分析。

（4）在对粮食主产区生产技术效率及影响做出系列分析的基础上，有针对性地提出促进中国粮食主产区提高粮食综合生产能力的对策建议。

1.4.2 可能的不足之处

（1）本研究没有考虑技术进步的影响，假设各要素的替代弹性等于1，即不变的，技术进步是中性的，有待于进一步探讨。

（2）本研究数据选取局限于宏观层面的官方统计的粮食生产相关面板数据，对于土地细碎化程度、技术吸收能力可能会影响到中国粮食主产区生产技术效率等微观层面的变量并未纳入分析框架，这些变量需要实地调研才能获取数据，本研究将这些因素放在随机扰动项内进行处理，有待进一步进行明确测度。

（3）粮食是一个大品种概念，不同品种在种植结构、劳动力使用以及所需生产条件方面均存在一定差异，进行整体测算可能会忽略地区某些优势或劣势因素，未来考虑在实证部分增加对不同品种、不同地区粮食作物技术效率的测算分析。

2　基本概念及理论基础

2.1　基本概念的界定

2.1.1　粮食和粮食安全的概念

（1）粮食的概念。随着社会经济的不断发展，粮食的概念也不断丰富变化，我国悠久的农耕文明更是给粮食赋予了丰富的定义。关于粮食的概念观点较多，1981年侯学熠教授在《如何看待粮食增产问题》一文中提出，充分利用山林、水面、草原的丰富资源，广辟食物来源，从而提出了"大粮食"的概念。陈锡文认为，实现小康水平之后，仅仅达到粮食安全是不够的，还需要大量的非粮食食品，认为粮食的概念要延伸。基于中国人口基数大、粮食需求大的基本国情，粮食的概念在中国更加广泛。为能满足庞大人口对粮食的需求，我国定义了粮食的广义概念，即可以被人类食用的所有谷物、豆类、薯类的总称。其中谷物主要包括稻谷、小麦、玉米、谷子、高粱及其他谷物，豆类主要包括大豆和其他杂豆，薯类则主要为马铃薯。目前我国主要粮食作物有三种，分别为水稻、小麦、玉米，目前着力打造马铃薯成为中国第四大主粮作物。根据《中国农业统计年鉴》的指标解释，粮食总产量是指本年度内生产的全部粮食数量，按季节分为夏收粮食、秋收粮食、早稻；按品种分为谷物、薯类和豆类，计算标准按照谷物豆类脱粒后计算，薯类按照5千克折算1千克粮食计算，中国粮食的统计口径要宽于国际上以谷物计算的粮食口径。中国狭义的粮食的概念同联合国粮农组织（FAO）给出的粮食的定义基本相同，即粮食单纯指谷物，麦类包括小麦、大麦、皮麦、青稞（元麦）、黑麦、燕麦（小麦），稻类（大米）包括粳稻、籼稻、糯稻、陆稻（旱稻）、深水稻，粗粮类包括玉米、高粱、荞麦、粟（谷子、小米）、黍（糜子）等，不包括豆类和薯类其他可食用农作物。本研究粮食采用国内广义的粮食概念。

（2）粮食安全的概念。最基本的定义是人们能够买到生活所需的食品，同时在正常负担范围之内。换言之，我们需要生产出足够的食物，以最大限度地供应并满足每个需要食物的人的粮食需求。作为居民的需求，食物可以直接影响日常生活和经济发展。粮食安全与社会的进步、经济的发展、政治的稳定、文化水平的提升等均有密不可分的关联。关于粮食安全，不同国家对其概念有不同的看法。

①国外粮食安全概念。20 世纪 70 年代，由于几年的恶劣气候，食品市场短缺以及全球粮食危机导致食品价格突然上涨，主要粮食生产商和出口商的产量下降。因此，"粮食安全"逐渐成为世界关注的问题。1973 年FAO 首次定义了粮食安全：保证任何人在任何地方都能得到为了生存和健康所需要的足够食物。虽然受到世界粮食危机的影响，各个国家大力推动粮食生产，提高粮食储备，但是由于国民经济收入低并且粮食流通受阻等原因，充足的粮食产量并不能被国民获取。因此，FAO 对粮食安全的定义不断补充修改。在 2011 年 FAO 重新定义粮食安全的内涵：所有粮食需求者在任何时间都能在物质层面、经济层面和社会层面上获取数量充足、安全并富含营养的食物，从而进一步满足人民对健康的饮食需求以及人民对食物不同偏好的需求。至此，粮食安全这一定义被普遍接受。总之，国外粮食安全的概念已经从宏观层面关注国内粮食供应和粮食储备，转向在微观层面整合人们获得充足、安全和营养食品的能力。食品安全的概念随着时间的推移而发展，丰富和扩展。

②国内粮食安全概念。中国粮食安全的发展和特点与其他国家有很大不同，国外粮食安全的概念不适合衡量中国粮食安全的具体状况。因此，基于国际粮食安全的定义和中国食品工业的具体发展，国内科学家根据中国国内情况，逐步提出了与中国食品工业实际情况相适应的粮食安全定义。早期朱泽（1998）提出粮食安全是指国家在工业化进程中能够满足人民日益增长的粮食需求和粮食经济能够应对不测事件的能力。毕艳峰

（2011）从粮食获取能力、粮食品质和粮食结构、粮食流通体制以及国家宏观调控方面定义粮食安全。关于粮食安全的具体概念，并没有形成权威的、统一的标准，由于研究领域、角度等的不同出现各方面的差异。但随着党的十八大以来，新形势国家粮食安全战略的提出，粮食安全被赋予更加丰富的内涵。武拉平（2019）认为新时期粮食安全应该包括营养性、可供性、"买得起、买得到"、稳定性和可持续性等方面。仇焕广等（2022）提出新时期保障粮食安全，需要协调考虑数量安全、营养安全、生态安全、能力安全等多元目标，通过分析各目标之间的关系深入理解粮食安全的内涵，寻求保障粮食安全的最优手段。

可见，从 1974 年首次提出"粮食安全"以来，概念一直在不断调整，内涵也在不断丰富，从数量安全到质量安全，从国家安全到家庭安全，从营养健康到可持续安全。这是人类对生命、生存和发展的基本物质需求的认识深化的过程，也是国家粮食生产技术不断进步的导航灯。

2.1.2 粮食主产区的界定

在 2001 年国务院出台的第 28 号文件中明确了粮食流通体制未来的改革方向，自此我国基本上形成"主产区""主销区"的粮食生产的区域分工格局。关于粮食主产区的界定，不同学者从不同的角度给出了粮食主产区不同的界定标准。粮食主产区顾名思义，是指粮食的主要生产区域。在我国所有粮食供应中，粮食主产区提供的粮食占了大部分，是保证粮食供应的关键区域，是维护我国粮食安全体系的"稳定器"。但综合而言，粮食主产区的界定基本围绕以下标准，即该地区粮食生产在自然条件和社会经济技术条件等方面较其他农区均具有比较优势，适合集中大规模种植粮食作物，粮食综合生产能力强、产量高，在满足本区域粮食需求外，有能力向其他区域进行粮食的商品输出。这些地区承担着国家大多数粮食供给任务，是保障国家粮食安全的基地。就地理区域划分而言，中国粮食主产区的确定主要依据 2003 年国家财政部下发的《关于改革和完善农业综合开发若干政策措施的意见》，其划定黑龙江省、吉林省、辽宁省、内蒙古自治区、河北省、山东省、河南省、安徽省、江苏省、江西省、湖北省、湖南省、四川省 13 个省份作为我国粮食主要产区。从空间地域分布来看，主要位于长江中下游平原、东北平原和黄淮海平原，上述区域涵盖了主要粮食品种，提供了全国商品粮食的 80％以上，可看出粮食主产区在提供大宗农产品方面的重要性，其农业发展水平及农业现代化水平在一定程度上可代表整个中国的农业发展水平。相对应地，粮食主销区经济相对发达，但人多地少，粮食产量和需求缺口较大，包括北京市、天津市、上海市、浙江省、福建省、广东省和海南省。产销平衡区对全国粮食产量贡献有限，但基本能保持自给自足的水平，包括山西省、宁夏回族自治区、青海省、甘肃省、西藏自治区、云南省、贵州省、重庆市、广西壮族自治区、陕西省和新疆维吾尔自治区。

综上，粮食主产区在粮食生产数量、粮食播种面积、粮食生产地位、粮食经济、粮食商品化程度、粮食生产稳定性方面与其他农区有显著差异，在关于粮食的各方面有很大的综合优势。

2.1.3 技术效率和技术进步

（1）技术效率的概念。随着经济社会的快速发展，"效率"成为经济学和管理学领域研究者关注的焦点。反映到农业生产领域，农经学者通常对农业生产过程中的投入要素和产出进行分析，进而对其生产效率展开研究。技术效率的概念首次出现于 20 世纪中叶，由经济学家 Farrell 提出，Farrell（1957）从投入角度对技术效率进行了定义。他认为在同等产出水平的条件下，生产单元理想的最小投入和实际生产投入的比率即为技术效率。1966 年美国哈佛大学教授 Harvey Leibenstein 在发表的《X 效率》中创造性地从产出的角度对技术效率进行了解释，认为技术效率是指生产单位在一定的要素规模和价格前提下所达到的实际产出与应达到的理想产出之间的比值。李谷成等（2009）指出，技术效率是指生产单位在现有生产技术条件下达到最大产出的能力，通常用生产单位的实际产出与其生产前沿上该投入所能实现的潜在最大产出的比值来衡量。技术效率是衡量效率最为常用的指标之一，取值在 [0，1]，农业产出所能达到的最大产量用 1 表示。如果实际产出在生产前沿面以下，则生产处于技术无效状态。从测算方法上来看，主要包括两种方法，即以随机边界法为主的参数前沿法和以数据包络分析法为主的非参数前沿法。数据包络分析法不需要对变量进行无量纲处理，与此同时也能够全面地分析生产效率的变化情况。时至今日，随着经济技术的快速发展，科技带来了越来越多的产出成效，技术效率反映了生产活动中对有限资源的利用能力和利用水平，技术效率即指在既定投入要素条件下实现最优产出的能力，或者在相同产出水平下使投入要素最少的能力。本研究界定的粮食生产技术效率即指一定的生产条件下，实际粮食产出与理想粮食产出之间的比率。

（2）技术进步的概念。技术对经济系统内各领域和方方面面都有着广泛影响和作用，技术作为一种要素，如技术与资本、劳动力，对国家的经济和社会发展以及生产生活起着非常重要的作用。技术进步作为衡量经济发展质量的标准，可以反映国家的创新能力和经济可持续发展的水平。技术进步的概念有广义和狭义之分。广义的技术进步（也被称为农业全要素生产增长率）是一个复杂的社会现象，因为它受到经济、政治、教育、文化等多方面影响，故而涵盖了各种形式知识、技术的积累和改进，或是经验的积累。甚至优化资源配置、建立并完善组织管理机构等内容都属于技术进步范畴，也称"软技术进步"。狭义的技术进步主要指生产工艺、投入要素、制造技能等生产技术在实践活动中得以改进与完善。其主要指自然科学方面的技术发展，也称"硬技术进步"。换句话说技术进步是随着先进物质要素的投入、管理手段的创新，使要素质量得到改善、功能增强，推动要素结构调整、产业布局优化，促进经济增长、产业可持续发展的过程。我们通常所说的农业技术进步主要指的是狭义的技术进步，是农业生产过程中不断用生产效率更高的新技术、新装备代替生产率相对较低的农业技术的过程。不论是原有农业技术（或技术体系）的进化，还是创造出新的技术（或技术体系），只要能更接近于新目标，就被称为农业技术进步。换句话说，农业技术进步是指为了实现新的既定的农业目标而突破原有的生产束缚的变革创新的过程，这些新的农业目标包括：农产品产量和品质的提高和改善、节约稀缺资源和能源、增加农民收入且减轻劳动强度、改善生态环境等。

2.1.4 生产函数与生产前沿面

（1）生产函数的概念。生产函数是指一定时期内，在一定技术水平下，生产要素投入使用量的不同组合与最大产出量之间关系的函数。也就是说生产函数表明的是既定技术水平下生产投入与产出的关系。它可以用一个数量模型、图表或者图形来表示。简单来说，就是一定技术条件下投入与产出之间的关系。随着生产函数理论的不断丰富，生产投入要素一般被划分为劳动、土地、资本、企业家才能等类型。应用最为广泛的是形成于 20 世纪 30 年代的柯布—道格拉斯生产函数，在数理经济学和经济计量学的研究与分析中一并占据重要的地位。柯布—道格拉斯生产函数在生产函数的一般形式上做出了调整改进，引入规模报酬不变假定，忽略土地和原材料投入，引入技术资源这一因素。该生产函数形式为：$Q = AL^{\alpha}K^{\beta}$。其中 L 代表投入的劳动要素，K 代表投入的资本要素，α 与 β 分别代表劳动和资本的产出弹性，当 α 与 β 之和等于 1 时，生产效率不会随着生产规模的变化而变化，生产效率的提高主要依靠技术水平的同步提高。

①完全替代假设。当生产函数中只考虑资本和劳动时，如果假设资本和劳动是完全替代关系，那么生产函数模型表现为线性形式，即

$$Y = \alpha_0 + \alpha_1 K + \alpha_2 L$$

其中 Y 表示总产出，K 表示资本要素，L 表示劳动要素，下同。

②完全不可替代假设。完全不可替代假设是要素之间替代性质的另一个极端情况，在这一假设下生产函数模型表现出如下形式

$$Y = \min\left(\frac{k}{a}, \frac{L}{b}\right)$$

③不变替代弹性（CES）生产函数模型。CES 生产函数模型最初是由 Arrow 与 Chenery 等提出，基本形式是

$$Y = A(\delta_1 K^p + \delta_2 L^p)^{1/p}$$

④可变替代弹性（VES）生产函数模型等。

就上述几种函数模型而言，它们通常引入了固定的效率参数。虽然它们承认了效率对最终产出的影响，但是不同状态下的效率水平未必是相同的。对于实际的经济分析，有必要考察效率状况对产出的具体影响。

（2）生产前沿面的概念。在生产理论中采用生产函数描述生产技术关系，随机前沿生产函数的概念也是由 Farrell 于 20 世纪中叶提出，对既定的投入要素进行最优的生产组合，从而得到最优的产出，通过比较各生产

单元实际产出与最优产出的差距来反映其综合生产效率。这就是说，对于给定的生产要素和产出品价格，要求选择要素投入的最优组合（也就是投入成本最小化组合）和产出品的最优组合（亦即产出收益最大化组合），要求选择适度的经济规模，要求生产调控过程中对投入品和产出品具有强处置能力，要求生产技术水平和经营管理水平充分发挥，以最大可能的劳动生产率组织生产。在生产过程中，生产单元投入要素以各种组合方式达到最优产出，这种生产可能性边界即为生产前沿面。简言之，生产前沿面就是指在既定的技术水平下，单位投入对应的最大产出或各种产出对应的最小投入所形成的边界线。位于生产前沿面上的生产者技术有效，反之则存在技术无效。由于技术效率表示的是生产活动接近前沿面的程度，因此前沿面的确定对度量技术效率来说是关键所在。以 Farrell（1957）为代表的学者对前沿生产函数进行了研究，提出了前沿模型。

图 2-1 显示的是均值生产函数与前沿生产函数，曲线 A 表示的是均值生产函数，上方的曲线 F 表示的是前沿生产函数，实际生产函数可能位于曲线 A 的上方或者下方，与曲线 F 越接近，表示的技术效率越高。

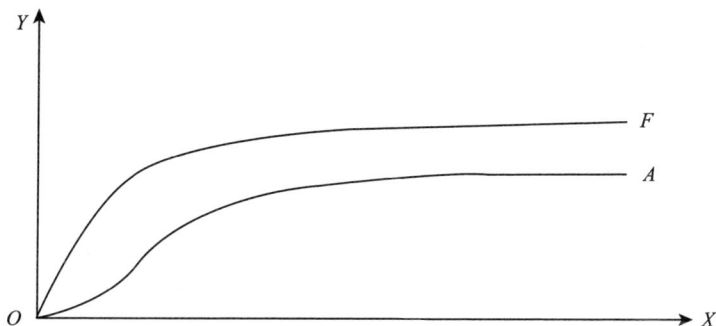

图 2-1　均值生产函数与前沿生产函数

2.2　理论基础

2.2.1　经济增长理论

古典经济增长理论是现代经济增长理论的思想渊源与理论基石，其建立在重商主义的基础之上，并突破了重商主义对国民财富的货币幻觉，从而将研究重心转向实际物质生产领域，开始探索影响长期经济增长的因素与机制。它的核心就是探索如何提高生产力，积累社会财富，改善国民经济。古典经济增长理论中，无论是亚当·斯密还是其追随者大卫·李嘉图对经济增长理论都做出自己的贡献，在亚当·斯密所主张的经济增长理论中，着重强调了土地、劳动力和资本的影响，并认为劳动力和资本在经济增长中起着决定性作用。因此可以说，亚当·斯密的经济增长理论是建立在劳动分工理论和资本积累理论基础之上的。大卫·李嘉图继承和发展了亚当·斯密经济理论中的精华，是英国资产阶级和古典政治经济学的杰出代表和完成者。他所倡导的经济增长理论是从收入角度出发的，认为资本的积累是实现经济增长的保障，而对资本积累程度产生影响的是利润，影响利润形成的是地租和工资水平，故提出要更加注重收入分配结构的合理优化。亚当·斯密的另一位追随者托马斯·马尔萨斯十分强调人口增长因素在经济增长过程中的重要性，他在 1978 年出版的《人口原理》中论述了人口增长和经济增长之间的关系，并提出了"人口陷阱"理论。并且他从人口学角度对经济增长进行深入分析，其基本思想是长期看来人口增长有超过粮食供应增长的趋势，认为人口压力有助于刺激生产的增长，进而又会反过来刺激人口增长。亚当·斯密的经济增长理论把资本和劳动的关系放在经济运行的核心地位，其资本积累理论特别注重资本的重要性，而这正形成了哈罗德—多玛模型的思想特征。哈罗德—多玛经济增长模型是西方经济增长理论史上首个数学模型。该模型认为经济增长率取决于储蓄率，并随着储蓄率的增加而提高，随着资本产出率的扩大而降低，总体而言即资本是影响经济增长的唯一因素。古典经济增长理论的确包含着一些科学成分，但是其主要缺点是过分夸大了"收益递减律"的作用，大大低估了技术进步的作用和潜力。此外，古典经济增长理论中的人口规律和所谓"工资铁律"都是没有根据的，忽略了科技进步等复杂因素对于经济增长的影响。

新古典经济增长理论中，美国经济学家罗伯特·索洛等人在哈罗德—多玛经济增长模型的基础上进行扬弃，否定其假设前提，并提出假设资本可以在一定程度上替换劳动力，并存在技术进步，基于连续性生产函数分析经济增长情况，从而推导出索洛增长模型。新古典经济模型表示为：A

$=\acute{a}L+\beta K+\acute{\eta}$。其中，$A$ 表示国民收入（产出）增长率，L 表示劳动投入增长率，K 表示资本投入增长率，$\acute{\eta}$ 表示由技术进步（研发、教育、知识进步以及其他的因素）带来的产出增长率，$\acute{a}$、β 分别表示劳动与资本的产出弹性。各因素的贡献份额可利用该模型测算的增长率计算得出。新古典经济增长模型主要特点在于资本与劳动可以相互替代，强调市场机制作用，存在着完全竞争，把经济增长主要作用归结为资本增长和技术进步。并提出长期来看经济增长率是由劳动力数量的增加及综合素质的提高和技术的进步决定的。经济增长除了需要资本支持，更需要依靠技术进步，并主张在经济发展对技术创新资源提出更高要求时，政府应该运用间接调控手段支持技术创新活动，使技术成为推动经济增长的最重要动力。新古典经济增长模型可简要概述为具有两个特点。一是产出由劳动和资本构成的函数，可以用公式表示为 $Y=F$（K，L，t），这个模型强调了经济增长的结果是由资本和劳动共同作用的，而不是仅仅由投入的资本量决定。二是模型中加了科技进步这一影响因素，将其假设为外生变量，并且保持一定的增长率，由于科技进步的存在，即使资本和劳动的比率不变，其边际收益也能够不断增加，从而得出保持经济长期增长的决定因素是科技进步。

新古典增长理论诞生于 20 世纪早期，对世界经济产生了重大影响，随着近年来新的经济现象的不断出现，新古典增长理论在某些方面的局限性日益明显，于是新经济增长理论产生了。新经济增长理论是经济学的一个分支，它全力解决经济科学中一个重要且令他人困惑的问题，它的出现标志着新古典经济增长理论向经济发展理论的融合。新经济增长理论家阿罗、卢卡斯等认为：知识的逐渐积累是经济增长的巨大动力，也是经济增长的结果；技术进步在经济增长中起到了决定作用。新经济增长理论家各个方面论证了技术进步表现的诸多方面，如产品质量的提高、新产品的研发、劳动者素质的提高能够促进经济增长。其中诺斯认为资本、自然资源、劳动力、技术、企业家才能、教育等都是经济增长不可忽视的影响因素。罗默则认为经济的内在变量加上知识积累共同作用而形成了技术进步，他将知识分为一般知识和专业知识两种，前者产生外部经济性，后者产生内部经济效应。专业知识可以对生产要素的增收产生一定的影响，一般知识只能够产生相关的规模经济效益，但是这两种知识相结合之后，不仅能够使人力资本和技术资源本身产生一定的递增收益，还能够使劳动和资本等其他各种投入要素的收益不断增加。知识能够为自身及生产投入的各个要素带来递增收益，从而为经济的增长创造条件。此外，对于如何实现经济增长，新经济增长理论家否定了市场万能论，他们认识到市场存在的先天缺陷，肯定政府干预对经济增长的作用。

2.2.2 技术创新理论

政治经济学家约瑟夫·熊彼得在 20 世纪初发表的《经济发展理论》中正式提出了技术创新理论，"创新"就是一种新的生产函数的建立，即实现生产要素和生产条件的一种从未有过的新结合方式，并将其引入生产体系。用技术创新的概念力证技术和生产之间的关系，其主张的新生产方式的改进、新生产技术的组织形式等 5 个创新被称为广义的技术进步。创新通常概括为以下五点：第一，新产品的制造；第二，新生产方法的使用；第三，新市场的存在；第四，市场上新供应商、原材料或半成品的供应来源；第五，新的组织形式或创新打破原有的组织形式。因此，创新不仅限于技术或工艺的发明，还意味着一种新的运行机制的出现，这种新的运行机制可以提高效率、降低成本，从而在市场竞争中占据优势。

技术创新理论从 1950 年开始逐渐得到发展，除上文提及的新古典经济学派外，还可将对技术创新研究的学派划分为：新熊彼特学派、制度创新学派和国家创新系统学派。

新熊彼特学派的理论家们认为技术创新是一个复杂的过程，技术进步在经济增长中起核心作用。曼斯菲尔德主要研究新技术如何推广的问题，并通过分析影响新技术推广的因素，建立了新技术推广的模型。而卡曼等则认为技术创新的动力与市场竞争程度、企业规模、垄断程度密切相关，三者均对创新力的增强有正向影响，即市场竞争越激烈、企业规模越大、企业对市场的垄断程度越高，企业创新的动力就越强，技术推广就会越广泛，技术创新就会越持久。据此该学派提出了对技术创新最有利的市场结构模型。制度创新学派的代表经济学家主要有诺斯和戴维斯，二人在对技术创新的环境进行综合分析后，提出新技术的发展必须依托一个系统的产权制度，保障创新的个人得到最大个人收益从而促进整体经济的不断增长。国家创新系统学派则认为技术创新不是企业家个人应具备的素质，更不只是企业个体行为，需要国家创新系统的推动，强调国家对优化技术创新资源配置的重要作用，主张将技术创新与政府职能相联系，构建国家技术创新系统。

2.2.3　前沿生产函数理论

1928 年美国的柯布和道格拉斯合作共同提出了生产函数相关理论并建立了著名的 C‐D 生产函数，开启了对生产率定量研究历程。随后 Dylaner 等对 C‐D 生产函数进行了改进，20 世纪中期，美国经济学家索洛认为人均产出增长的原因除了要素投入贡献外，剩余的未被解释的增长部分是技术进步的结果，这是经济学学界首次在经济增长模型考虑技术进步的因素。在假设生产者都可以实现最优生产效率的前提下，形成了全要素生产效率测算的传统方法——索洛余值法。

20 世纪中叶法国经济学家 Farrell 提出前沿生产函数的概念，对生产单元的投入要素进行各种可能的组合，从而计算出最优产出，比较生产单元的实际产出与最优产出之间的差距，以此来反映企业的综合生产效率。前沿生产函数的研究方法目前主要有参数方法和非参数方法两种。两者最大的区别在于非参数方法是采用线性规划的方法进行计算，而参数方法是首先构造函数形式，然后用最小二乘法或极大似然法进行测算，可以通过参数的统计检验数对样本拟合度等指标进行参考，因此参数方法凭借其自身优势在学术研究中运用较为广泛。在参数前沿生产函数中，根据其误差项确定方法的不同，又可分为确定性和随机性两种前沿生产函数。其中 Aigner 在 1968 年首次提出确定性前沿生产函数的方法。此方法不考虑随机因素的影响，将影响生产的误差都计入单侧的一个误差项内进行计算。确定性前沿生产函数模型为：$Y = f(X)\exp(-u)$。其中 $\exp(-u)$ 表示生产函数的非效率程度。而随机前沿生产函数则是由 Meeusen、Schmidt 等经济学家于 1997 年分别独立提出的，其最大的特点在于考虑随机因素对生产效率的影响，将随机误差项和技术损失误差项计入随机扰动项，通过随机误差项反映随机不可控因素造成的系统非效率，通过技术损失误差项测算技术非效率。其随机前沿面生产函数为：$\ln q_i = x_i\beta + v_i - u_i$。其中 q 代表产出，β 为待估参数，$v_i - u_i$ 为随机扰动项，v_i 为随机误差项，u_i 为技术损失误差项。在此基础上的柯布—道格拉斯生产函数表现为：$\ln q_i = \beta_0 + \beta_1 \ln x_i + v_i - u_i$。将 q_i 带入下列公式，通过计算实际产出与相对应的随机前沿面的产出比值得出相应的生产技术效率：$TE_i = \dfrac{q_i}{\exp(x_i\beta + v_i)} = \exp(-u_i)$。测算生产效率比较有代表性的方法有以下几种：

索洛余值法。1957 年，索洛对全要素生产率的测算方法进行了介绍，他提出由技术的不断创新和管理制度的优化等因素带来经济的增长，就可以用技术进步来表示，该方法后来被称作"索洛余值法"。索洛提出的索洛余值法也称为生产函数法，其主要内容是：确定总量生产函数后，计算经济增长中扣除资本和劳动投入后其他因素对经济增长的贡献度。在规模报酬不变和希克斯技术中性的假设下，索洛余数等于技术进步率。

该测算方法通常采用柯布—道格拉斯函数作为生产函数，其基本形式如下

$$Y = AK^\alpha L^\beta$$

其中，Y 表示总产出，A 表示索洛余数，K 表示资本投入量，L 表示劳动投入量。两边取对数，即

$$\ln Y = \ln A + \alpha \ln K + \beta \ln L$$
$$\ln A = \ln Y - \alpha \ln K - \beta \ln L$$

其中，α 为资本产出弹性，表示总产出对资本变动的反应程度；β 为劳动产出弹性，表示总产出对劳动变动的反应程度；$\ln A$ 为索洛余数，等于总产出减去资本和劳动对经济增长的贡献度。该方法有一定的不足之处：首先，模型假设理论性比较强，如技术中性、规模报酬不变假设，与经济运行实际有一定的差别；并且模型假定劳动是同质的，忽略了不同层次劳动对经济增长贡献的不同，投入量的估计误差易导致计算结果的不同。其次，确定资本和劳动的弹性 α 和 β 值时具有一定的主观性，不同弹性的选择对计算结果影响较大。但是该方法推导过程便于理解，且计算简便，对数据约束比较少，而且符合经济学原理，在实证分析过程中有较高的可操作性，较多的学者采用该方法计算索洛余数。

超越对数生产函数。Christensen、Jorgenson 和 Lau 于 1973 年提出超越对数生产函数，它将随时间变化的技术看作与其他生产要素地位相同的投入集而放进函数关系中，超越对数生产函数认为投入要素对产出的影响不仅仅和该投入要素的数量相关，还与其他的投入要素紧密相关，而且各生产函数的弹性是可变的，还可以通过交叉项来计算出各生产要素之间的替代性。该函数模型是一种易于估计和包容性很强的变弹性生产函数模型。

首先，超越对数生产函数是一种灵便的函数形式，在投入空间点的邻域，可以对所有任意可微的真实函数提供二阶泰勒级数近似，其一般形式为

$$\mathrm{In}Y_t = \alpha_0 + \alpha_K \mathrm{In}K_t + \alpha_L \mathrm{In}L_t + \frac{1}{2}\beta_{KK}\mathrm{In}^2 K_t + \beta_{KL}\mathrm{In}K_t\mathrm{In}L_t + \frac{1}{2}\beta_{LL}\mathrm{In}^2 L_t$$

超越对数生产函数形式简单，它是抽象函数的一般形式。当交叉项系数为 0 时，超越对数生产函数就退化为柯布—道格拉斯生产函数的形式；当 $\beta_{ij} = -\frac{1}{2}\beta_{ij}$ 时，其中 i，$j = K$，L，那么超越对数生产函数就退变为常替代弹性生产函数。可见，超越对数生产函数是一种更一般的生产函数形式，其中嵌套着 C - D、CES 等函数形式，实际上超越对数生产函数还可含有时间项来体现技术进步，能够体现技术进步是中性的还是偏性的。

其次，它在结构上属于平方反映面模型，可有效研究生产函数中投入要素的交互影响、各种投入技术进步的差异。通过超越对数生产函数模型，可以分析投入要素的产出弹性和要素的替代弹性。

随机前沿分析法。随机前沿分析最早是由 Aigneretal（1977）和 Meeusen 等（1977）分别独立发展而成的。SFA 模型的发展经历了漫长的过程，在此过程中被学者们不断完善，模型形式与应用范围也不断得到推广。随机前沿生产函数反映了在具体的技术条件和给定的生产要素组合下要素投入与最大产出之间的函数关系。通过比较实际产出与最大产出即可得到生产的综合效率状况。随机前沿分析法是一种参数方法，它的优点是可以把随机因素对效率的影响考虑在内，使得生产前沿曲线能随着样本点的变化而变化，有效地避免统计误差对效率的影响。随机前沿生产函数

的一般形式为

$$\ln P_i = \ln f\ (X_i)\ + V_i - U_i$$

其中 P_i 代表第 i 个农户的实际产出；X_i 代表投入要素；$f\ (X_i)$ 代表被确定的前沿生产函数；V_i 代表随机误差项，指农业生产中无法控制的随机影响因素，假设 $V_i \sim N\ (0,\ 2v)$；U_i 表示技术无效率项且 $U_i \geqslant 0$。

随机前沿分析法优势体现在：首先，作为重要的前沿估计方法之一，与数据包络分析法相比，随机前沿分析法测算出的影响效率的因素中排除了随机误差的影响，使得测量结果更加精确。随机前沿分析法认为实际产出与理论最优产出存在偏差的原因不仅仅是技术无效项的存在，还有其他随机因素的干扰（如天气、运气等不可控因素），亦即，随机前沿分析法中的误差项为包括传统误差与随机误差的混合误差。其次，随机前沿分析法作为参数估计方法，与非参数估计方法相比，可以直接进行模型估计后的事后统计检验，减少很多额外检验工作。另外，当约束条件较多时，可利用无效率函数分析影响因素，而不影响模型的有效性。最后，随机前沿分析法还可以对计算出的生产效率进行分解。利用计量经济法将生产有效性变化分解为技术变化、技术有效性变化及规模报酬贡献，通过具体的操作指令可实现分解目标，操作简便。

数据包络分析法。1978 年著名的运筹学家查恩斯（Charnes）、库伯（Cooper）和罗兹（Rhodes）首先提出数据包络分析的方法。数据包络分析法作为一种非参数统计方法，不需对生产函数的具体形式进行严格界定，可以减少主观因素干扰，缩小误差，具有更强的客观性，同时也可以避免投入产出数据不符合模型假设所产生的偏度计算问题，对农业生产效率的测算更为简洁有效。

数据包络分析法是涉及数学、运筹学、经济学和管理科学的一个新的交叉领域研究方法，随着数据包络分析法被广泛应用于农业、金融行业等领域生产效率研究，该方法的固有缺陷越来越明显。Fried 等相关研究表明，决策单元（DMU）的效率受外部环境、随机误差和遗漏变量等因素的影响。此后，国内外学者根据 Fried 等的研究成果，逐渐开始利用三阶段 DEA 研究方法对生产效率进行研究。这种方法以相对效率为基础，根据多指标投入与多指标产出对相同类型的决策单元进行相对有效性评价。

应用该方法进行绩效评价的另一个特点是，它不需要以参数形式规定生产前沿函数，并且允许生产前沿函数可以因为单位的不同而不同，不需要弄清楚各个评价决策单元的输入与输出之间的关联方式，只需要最终用极值的方法，以相对效益这个变量作为总体上的衡量标准，以决策单元各输入输出的权重向量为变量，从最有利于决策的角度进行评价，从而避免人为因素确定各指标的权重而使得研究结果的客观性受到影响。这种方法采用数学规划模型，对所有决策单元的输出都"一视同仁"。这些输入输出的价值设定与虚拟系数有关，有利于找出那些决策单元相对效益偏低的原因。该方法以经验数据为基础，逻辑上合理，所以能够衡量决策单元由一定量的投入产生预期输出的能力，并且能够计算在非 DEA 有效的决策单元中，投入没有发挥作用的程度。最为重要的是应用该方法还有可能进一步估计某个决策单元达到相对有效时，其产出应该增加多少，输入可以减少多少等。

在生产效率测定上使用最多的两种具有代表性的方法为非参数方法 DEA 和参数方法 SFA。DEA 的优势在于计算简单，当投入产出关系不确定是什么函数形式时也可以使用该种方法估计前沿面。相比于 DEA，SFA 将生产函数分为随机前沿面和技术效率两个部分，前者是在既定的技术条件前提下，通过要素不同的组合达到类似"帕累托最优"的状态的一条最优产出边界线，位于边界线上则为技术有效，反之则为技术无效。后者则是衡量各要素利用程度的指标，反映实际产出与理想产出的差距。该方法的优势在于建立的随机前沿模型使生产前沿面本身具有随机性，并可以对自身模型进行 LR 检验、对参数进行 t 检验，使得模型更加合理，估量结果更加接近生产现实情况。但 SFA 方法适用于多投入单产出的生产系统，对于复杂的多产出多投入生产系统，DEA 则更具优势。

3 中国粮食主产区粮食生产特征

3.1 中国粮食主产区格局与生产条件

3.1.1 粮食主产区空间格局

根据中国各省份粮食生产情况，2003 年国家财政部下发了《关于做好粮食生产功能区和重要农产品生产保护区划定工作的意见》的文件，划定 13 个省份为粮食主产区，使其能够适应新的粮食生产流通格局，进一步发挥自然地理资源优势与社会经济优势，从而确保粮食产能逐步提高。中国粮食主产区的地理范围主要包括：①东北平原。涵盖黑龙江、吉林、辽宁、内蒙古四个省份，东北平原幅员辽阔，耕地面积广大，人均耕地面积占有量位于全国前列，便于机械化耕作，黑土广布，土壤肥沃，气候条件良好，雨热同期，山环水绕，灌溉水源充足，铁路公路网稠密，便于运输，有国家政策扶持，临近辽中南重工业基地，便于为粮食生产提供机械化设备。②华北平原。涵盖河北、山东、河南、安徽、江苏五个省份，华北平原有宽广的平原，季风气候，雨热同期，可以在农作物生长活跃时提供充足的水热，有比较肥沃的黄土，黄河、海河、淮河等河流可以提供稳定的水源灌溉，农耕历史悠久，经验丰富。③长江中下游平原。涵盖江西、湖北、湖南三个省份以及四川盆地内的四川省，历史上的长江中下游平原凭借其优越的自然条件一度成为我国粮食的主要产地，长江中下游平原地势低平，河网密集，水源丰富，由河流冲刷形成，土壤肥沃，气候为季风气候，雨热同期，这里稻田集中连片，也种植棉花、油菜、甘蔗等农作物，人口密集，劳动力资源丰富，水稻市场需求量大，种植水稻的历史悠久，经验丰富；四川盆地地形平坦、水源充足、光照充足、热量充足，良好的自然条件和雨热同期的气候为当地的农业生产提供了充分的条件，四川盆地的土壤富含矿物成分，土壤肥沃，盆地内复杂多样的气候类型有利于农业生产的发展。

根据文件划分的中国粮食主产区的地理区域范围，可知粮食主产区主要集中在地势低缓的第一、二阶梯，分布于我国的东中部地区，这些区域农业发达，地形较为平坦，耕地面积广阔，粮食种植面积分布广泛，由表3-1可知，2021年中国粮食主产区农作物播种面积11 676.27万公顷，其中粮食播种面积达8 856.85万公顷，占农作物总播种面积的76%。全国粮食播种面积为11 763.2万公顷，主产区粮食播种面积占全国的75.29%，其中河北省、内蒙古自治区、吉林省、黑龙江省、江苏省、安徽省、山东省、河南省、四川省等9个省份的2021年粮食播种面积均在500万公顷以上，此外湖北、湖南两省粮食播种面积超过400万公顷，辽宁、江西两省的粮食播种面积也超过300万公顷。粮食主产区的粮食播种面积占农作物播种面积比重较高的有黑龙江省、吉林省，分别达到97%和92%，最低的湖南省，占比也超过50%。可见中国粮食主产区粮食种植面积分布十分广泛，为保障中国粮食安全做出突出贡献。

表3-1　2021年中国农作物播种面积统计

省份	农作物播种面积（万公顷）	粮食播种面积（万公顷）	占比（%）
河北省	809.72	642.86	79
内蒙古自治区	874.33	688.43	79
辽宁省	432.89	354.36	82
吉林省	618.71	572.13	92
黑龙江省	1 506.50	1 455.13	97
江苏省	751.44	542.75	72
安徽省	888.68	730.96	82
江西省	567.29	377.28	67
山东省	1 094.86	835.51	76
河南省	1 470.51	1 077.23	73

（续）

省份	农作物播种面积（万公顷）	粮食播种面积（万公顷）	占比（％）
湖北省	810.92	468.60	58
湖南省	850.43	475.84	56
四川省	999.99	635.77	64

3.1.2 粮食主产区生产条件

（1）自然条件。

①土地情况。中国粮食主产区主要位于地势较低的第二、三阶梯上，第二阶梯在青藏高原边缘的东部和北部，面积约占我国陆地面积的三分之一，海拔高度大多在1 000～2 000米，其地形以高原、盆地为主，主要地形区包括内蒙古高原、云贵高原、黄土高原、四川盆地、塔里木盆地、准噶尔盆地；第三阶梯在我国东部，其海拔在500米以下，地形以丘陵、平原为主，主要地形区包括东南丘陵、辽东丘陵、山东丘陵、东北平原、华北平原、长江中下游平原，第三阶梯面积占我国陆地面积的四分之一，地形平坦，土壤肥沃，利于发展农业生产，是我国重要的粮食生产基地。从地势起伏方面看，第二、三阶梯的地势平缓，地形以平原为主，我国三大平原——东北、华北、长江中下游平原就涵盖其中，并包含位于四川素有"天府之国"美称的成都平原。

东北平原位于东北三省和内蒙古自治区境内，是我国面积最大的平原，由三江平原、松嫩平原、辽河平原组成，地势平缓，横跨黑龙江、吉林、辽宁和内蒙古四省份，总面积达35万千米²，黑土地广布，土质疏松，土壤肥沃，东北平原的黑土厚度深达1米，东北平原的黑土耕地面积约1.2亿亩*，占东北总耕地面积的32.5％，粮食产量占东北粮食总产的44.4％。华北平原是中国第二大平原，位于黄河下游，西起太行山，东到黄海、渤海和山东丘陵，与长江中下游平原相接，面积广阔，地势平坦，海拔较低，由黄河、淮河、海河、滦河等所携带的大量泥沙沉积所致，是

---

* 亩为非法定计量单位，15亩＝1公顷。全书同。——编者注

冲积平原，冲积土分布广泛，土层深厚，土壤肥沃。长江中下游平原位于长江三峡以东，黄土高原以南，北接淮阳山，南接江南丘陵，面积约 20 万千米²，由两湖平原、鄱阳湖平原、皖中平原以及长江三角洲四个部分组成，是由长江冲积而成的平原，素有"水乡泽国"之称，土壤肥沃。成都平原位于四川盆地西部，总面积 1.881 万千米²，土壤结构良好，地势平坦，易于耕作，由西北向东南微倾，有利于发展自流灌溉，为冲积平原，冲积土广泛分布，土壤较为肥沃。中国粮食主产区得天独厚的自然条件为其粮食生产能力提升奠定了良好基础。

农业的发展不仅要受到自然环境的强大影响，还有一个重要特征是土地具有不可替代性。一方面从土地数量上看，2019 年中国耕地总面积为 13 486.67 万公顷，2019 年中国粮食主产区耕地面积占全国总面积的比例高达 64.78%，其中黑龙江省拥有全国最广大的耕地面积——1 719.54 万公顷。但是令人担忧的是，2016—2019 年短短 3 年时间，中国粮食主产区的耕地面积就缩小 159.55 万公顷，由表 3 - 2 可知，中国 13 个粮食主产区中只有内蒙古自治区、辽宁省、吉林省、黑龙江省耕地面积有所扩大，其余省份耕地面积均有不同程度的缩小。另一方面，从土地质量上来看，农业农村部发布的《2019 年全国耕地质量等级情况公报》显示，2019 年耕地质量平均等级为 4.76 等，虽较 2016 年有所改善，但仍然没有改变优质耕地少的基本国情，其中一至三等优质耕地仅占耕地总面积的 31.24%，近七成均为中低产田，耕地地力建设亟待深入开展，其中较有代表性的黑龙江省大力推进高标准农田的建设，让越来越多的"粮田"实现了向"良田"的转变，黑龙江有典型黑土耕地面积 1.56 亿亩，占东北典型黑土区耕地面积的 56.1%，黑土地作为"耕地中的大熊猫"，对保障我国粮食安全具有不可替代的重要作用。河南作为传统产粮大省，被誉为"国人粮仓"，近些年来河南坚持藏粮于地，落实耕地保护制度，率先在全国开展大规模高标准农田建设，坚持实施激励政策，提高农民种粮积极性，增强种粮动力，严格落实耕地保护补贴、农机购置补贴、粮食最低收购价等支持政策，推进农作物完全成本保险政策的全覆盖，加大对产粮大县的资金支持力度，多方共同发力共守耕地红线。

表 3-2　粮食主产区耕地面积变化统计

单位：万公顷

省份	2019 年	2016 年
河北省	603.42	652.05
内蒙古自治区	1 149.65	925.80
辽宁省	518.20	497.45
吉林省	749.85	699.34
黑龙江省	1 719.54	1 585.00
江苏省	408.97	457.11
安徽省	554.69	586.75
江西省	272.16	308.22
山东省	646.19	760.70
河南省	751.41	811.00
湖北省	476.86	524.53
湖南省	362.92	414.88
四川省	522.72	673.30
合计	8 736.58	8 896.13

②气候条件。中国粮食主产区所处地域的主要气候类型为温带或亚热带季风气候及温带大陆气候。温带及亚热带季风气候的特点是夏季高温多雨，冬季寒冷干燥，夏季东南季风从海洋携带大量水汽形成丰沛的降水；温带大陆气候的特点是冬季严寒，夏季炎热。以上三种气候类型的共同特点是雨热同期，当气温高时，正是农作物快速生长的时期，而农作物的生长对水分的需求量较大，所以雨热同期利于粮食作物的生长。中国粮食主产区多位于我国 400～800 毫米等降水量线之内，其中四川省、湖南省、湖北省、江西省、安徽省位于 800 毫米等降水量线秦岭—淮河一线以南，年降水量一般在 800 毫米以上，为湿润地区，降水充足，热量丰富，作物生长周期短，熟制多为一年两熟。其余粮食主产区主要位于 400 毫米等降水量线大兴安岭—张家口—兰州—拉萨—喜马拉雅山脉东部以内，它把我国大致分为东南和西北两大半壁，这条分界线地理意义丰富，不仅是半湿润与半干旱区分界线，还是我国季风区与非季风区的划分界线，更是半湿

润区与半干旱区的分界线。中国粮食主产区除内蒙古自治区部分地区外大多地处湿润和半湿润地区，降水较为丰富，能够为粮食生产提供足够的水资源，适宜农业发展。

如表 3-3 所示，中国粮食主产区主要城市气候情况：中国粮食主产区的代表城市年均降水量除内蒙古自治区的呼和浩特外其余城市年均降水量均在 500 毫米以上，全年日照时数大多在 1 500 小时以上，除内蒙古自治区的呼和浩特以外平均相对湿度均在 50％以上，光热水配合良好，为主产区粮食作物生长提供了相对优越的气候条件。基于本地气候条件，各个粮食主产省份形成了不同的复种指数，如图 3-1 所示，复种指数最高的是湖南省（2.34），复种指数最低的是内蒙古自治区（0.76）。复种指数是指一定时期内在同一耕地面积上种植农作物的平均次数，即年内耕地上种植农作物的平均次数，用数学方式进行表达即年内耕地上农作物总播种面积与耕地面积之比。复种的主要作用在于提高耕地的利用率，用有限的耕地面积使农作物合成更多的有机物质，从而提高农作物的单位面积产量。复种指数反映复种程度的高低，用来比较不同年份、不同地区和不同生产单位之间耕地的利用情况。各粮食主产区的复种指数反映的是一个地区对土地的利用程度，其高低受当地气候条件、土壤条件、农业技术等多方面因素影响，而气候条件是粮食实现复种的基础，只有热量条件好、无霜期长、水分充足才能实现复种。相较于北方的气候条件，南方水热条件较好，因此整体复种指数较高。整体上位于南方的粮食主产区粮食单位面积产量要高于北方，其中复种指数的差异是重要原因之一。

表 3-3   2016 年中国粮食主产区主要城市气候情况统计

城市	年平均气温（℃）	平均相对湿度（％）	年均降水量（毫米）	全年日照时数（小时）
石家庄	15.3	58	1 063.0	2 889.7
呼和浩特	7.7	49	390.7	2 734.3
沈阳	9.2	65	791.6	2 131.1
长春	7.2	66	858.6	2 187.4
哈尔滨	5.5	70	613.8	2 330.6

（续）

城市	年平均气温（℃）	平均相对湿度（％）	年均降水量（毫米）	全年日照时数（小时）
南京	17.6	72	1 259.8	1 946.0
合肥	16.7	77	1 167.8	2 022.3
南昌	19.7	72	1 894.3	1 626.2
济南	15.5	56	1 043.4	2 406.9
郑州	16.9	61	1 570.5	1 797.1
武汉	17.9	77	1 205.8	1 572.9
长沙	18.2	76	1 255.5	1 578.1
成都	16.7	81	910.3	1 383.8

数据来源：2022 年《中国统计年鉴》。

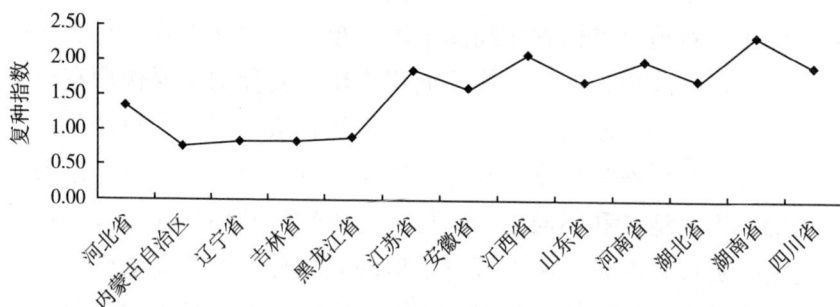

图 3-1　2021 年中国粮食主产区复种指数

数据来源：2022 年《中国农村统计年鉴》。

　　③水资源情况。水是万物生命之源，不仅仅是工业的血液，更是农业生产的命根子，未来农业发展潜力如何取决于水资源禀赋。总体来看，中国多年平均水资源总量达 27 989.31 亿米^3，总量较丰富但区域间分布存在差异，中国粮食主产区中水资源分布南方比北方总量较大。某种意义上来讲，中国的水资源禀赋较差，水资源总量虽然丰富但人均水资源占有量仅为 2 062.44 米^3/人，不足世界平均水平的三分之一，令人担忧的是中国粮食主产区中过半省份人均水资源占有量甚至达不到中国人均水资源占有量的平均水平，其中河北省、山东省、江苏省人均水资源占有量不足 600 米^2/人（表 3-4）。水资源的空间分布不均给粮食生产和居民生活带来了挑战，以长江流域为界，以北的地区水资源仅不到全国水资源总量的

20%，却占据了中国 65% 的耕地面积，中国粮食主产区中有超半数（7个）位于相对缺水的北方地区，农业生产用水数量短缺将直接危害粮食生产。而还有一方面，水质污染也日益成为突出问题，从 2022 年中国生态环境状况公报可知，地表水、地下水、农田灌溉用水均存在不同程度的污染，这给粮食数量安全和粮食质量安全都带来了威胁，加上近年来全球极端天气频发，旱涝灾害也给农业生产带来了危害，据农业农村部统计，近十年间，中国农业生产因遭受旱灾或水资源短缺造成的粮食损失年均达 300 亿千克以上。

表 3 - 4　2021 年中国粮食主产区水资源情况统计

省份	水资源总量（亿米³）	人均水资源量（米³/人）
河北省	376.6	505.1
内蒙古自治区	942.9	3 926.3
辽宁省	511.7	1 206.3
吉林省	459.2	1 923.8
黑龙江省	1 196.3	3 800.2
江苏省	500.8	589.8
安徽省	883.3	1 445.9
江西省	1 419.7	3 142.3
山东省	525.3	516.6
河南省	689.2	695.3
湖北省	1 188.8	2 054.1
湖南省	1 790.6	2 699.3
四川省	2 924.5	3 493.4

数据来源：2022 年《中国统计年鉴》。

　　④灾害情况。粮食种植业作为受自然条件影响较大的弱质型产业，虽然随着农业科技的进步，靠天吃饭的局面有了很大的改观，但自然灾害对粮食产量仍有很大的影响。无论是过去还是现在自然条件都是农业生产发展的基础，农业生产受到自然环境的强大影响的这个本质决定了农业具有弱质性。由于我国地域辽阔，自然条件复杂多样，这就意味着我国农业的发展受多种自然灾害的影响，例如旱灾、涝灾、风雹灾害、冷冻灾害、台风灾害等自然灾害。如表 3 - 5 所示，我国农作物种植受旱涝灾害影响最

大，由于我国东部地区属于季风气候区，受夏季风的影响，降水分配不均，并且季风的强弱不稳定，就容易造成旱涝灾害的发生。2021年全国农作物受灾面积高达1 173.9万公顷，13个粮食主产区共计受灾670.9万公顷，占全国受灾面积的57%，其中河南省的受灾区域面积最大，达158.8万公顷，受灾比例为10.80%，主要的自然灾害是洪涝灾害。深究2021年河南省特大洪灾，既是天灾又是人祸，其形成原因一方面是中原山脉的抬升对南方台风带来的水汽起到了降温作用，形成强降水；另一方面，因人类过度的生产活动，气候变暖加上农田水利设施不完善。黑龙江省受旱灾和涝灾面积比较广大的原因有以下几方面：第一，自然地理环境，黑龙江省西北和东南部高，东北部和西南部低的地势特点使得山区降水较多，但山地的坡度大，储水能力差，容易产生旱灾；第二，降水变化，黑龙江省的降水量年际变化很大，近年来黑龙江省步入枯水期，降水较正常年份减少很多，加重了农业生产的旱灾；第三，气候变暖，20世纪80年代以来，黑龙江省气候变暖导致灾害更加频繁发生，大暴雨次数增多，旱涝灾害频繁发生；第四，人为破坏，农业生产的过程中毁林开荒导致植被破坏、草原退化、水土流失，使生态环境恶化，从而自然灾害频发。就受灾严重程度来看，内蒙古自治区较黑龙江省更为严重，受灾面积达128.4万公顷，受灾比例达14.69%。内蒙古地区旱涝灾害发生频率较高，因其纬度较高，农作物生长深受风雹灾害和冻害的影响。风雹灾害是指强对流天气引起的大风、冰雹、龙卷风、雷电等所造成的灾害，大风会刮倒农作物，造成大面积农作物减产。内蒙古自治区受风雹灾害面积约为42.2万公顷，是受灾程度最为严重的区域，冰雹灾害一般会将农作物砸倒，严重影响农作物的生长。因此，内蒙古的自然灾害种类繁多，受温度和降水的共同影响。农作物生产受台风灾害影响最为严重的是江苏省和安徽省。

　　整体而言，2021年全国自然灾害对于北方的影响要大于南方。极端强降水频繁发生，华北、西北等地区旱涝灾害十分严重，特别值得关注的是，多地突发的强对流天气使风雹灾害影响多地，2021年旱情和冷冻灾害较其他年份总体偏轻，仅在局部地区发生。通常情况下中国粮食主产区中黑龙江省、吉林省、辽宁省受冷冻灾害比较严重，这主要因为东北地区种植春小麦，小麦在春天发芽且耐寒能力弱，而此时东北地区仍然受冷高压的影响，温度比较低，所以农业发展容易受冷冻灾害的影响。

表 3 - 5 2021 年中国粮食主产区受灾情况统计

单位：万公顷

省份	受灾面积	旱灾	涝灾	风雹灾害	冷冻灾害	台风灾害
河北省	38.9	—	21.1	15.7	2.0	0.1
内蒙古自治区	128.4	12.8	52.0	42.2	0.3	—
辽宁省	24.9	5.1	5.3	17.8	1.0	0.1
吉林省	24.5	4.4	13.5	6.6	—	—
黑龙江省	83.2	32.1	40.8	10.2	0.1	—
江苏省	8.8	—	0.2	2.4	—	11.4
安徽省	29.6	—	9.8	4.7	—	15.1
江西省	42.1	16.4	17.4	5.5	2.9	—
山东省	10.9	—	2.8	5.7	0.1	2.3
河南省	158.8	1.3	126.9	30.1	0.6	—
湖北省	50.6	—	37.2	13.3	0.1	—
湖南省	43.6	15.8	27.2	0.6	—	—
四川省	26.6	0.1	24.4	2.1	0.1	—

数据来源：2022 年《中国农村统计年鉴》。

（2）社会经济条件。粮食是国家安全和社会稳定的根本保障，农业是国民经济的基础、人们生活稳定的保障、促进经济社会和谐发展的必需。粮食生产受自然因素和社会因素的影响，在社会经济因素方面，我国经济发展不平衡，这就意味着中国粮食主产区省域内经济发展状况存在较大差异，社会经济条件在各个方面影响粮食种植，如固定资产投资、农民收入、市场区位、产业发展等。经济增长的主要推动力是投资，经济增长速度的快慢在很大程度上受投资多少的影响，农业发展的历史表明，农业固定资产投入对农业增长具有重要的意义和作用，农业问题很大程度上就是投入问题；当农民收入多时，农民的种粮积极性就会提高，粮食种植面积以及粮食产量就会提高，所以有关部门应该加强宏观调控，保证农民的种粮收益；当靠近市场时，农户对于种植粮食的积极性就高；当农业产业发展水平高时，延长了产业链，增加了附加值，农户获得的收益就多，农户的种粮积极性就高。表3-6统计了2021年中国粮食主产区人均地区生产总值、农业生产总值、城镇化率、农村固定资产投资、农村固定资产投资中投向农林牧渔业的金额、农村居民人均可支配收入和农用机械总动力情况，分别反映了该地区经济发展水平、农业发展水平、统计区域的城市化程度、农村基础设施建设投资情况、农村居民生活水平和农用技术应用程度。

表3-6 2021年中国粮食主产区社会经济发展情况统计

省份	人均地区生产总值（元）	农业生产总值（亿元）	城镇化率（%）	农村固定资产投资（亿元）	农林牧渔业固定资产投资（亿元）	农村居民人均可支配收入（元）	农用机械总动力（万千瓦）
河北省	54 172	3 645.0	61.14	277.3	48.6	18 178.9	8 096.8
内蒙古自治区	85 422	1 879.6	68.21	146.8	134.1	18 336.8	4 239.4
辽宁省	65 026	2 222.5	72.81	230.3	175.0	19 216.6	2 552.6
吉林省	55 450	1 302.9	63.36	140.5	132.2	17 641.7	4 149.2
黑龙江省	47 266	4 099.5	65.69	262.1	244.4	17 889.3	6 912.1
江苏省	137 039	4 426.1	73.94	184.8	58.6	26 790.8	5 148.2
安徽省	70 321	2 802.9	59.39	411.8	111.4	18 371.7	6 924.3
江西省	65 560	1 796.3	61.46	344.6	48.0	18 684.2	2 695.4
山东省	81 727	5 814.6	63.94	602.8	173.8	20 793.9	11 186.1
河南省	59 410	6 564.8	56.45	461.7	106.2	17 533.3	10 650.2
湖北省	86 416	3 912.5	64.09	276.5	56.1	18 259.0	4 731.5
湖南省	69 440	3 532.9	59.71	636.6	95.9	18 295.2	6 676.4
四川省	64 326	5 089.5	57.82	633.6	174.1	17 575.3	4 833.9
主产区	72 428	47 089.1	63.69	4 609.3	1 558.4	19 043.6	78 796.1
全国	80 976	78 339.5	64.72	8 337.1	2 652.8	12 363.0	107 764.3

数据来源：2022年《中国农村统计年鉴》《中国统计年鉴》。

从表中可以看出，仅有江苏省、内蒙古自治区、山东省、湖北省这4个主产区的人均地区生产总值高于主产区平均水平且高于全国平均水平，其中江苏省人均地区生产总值在粮食主产区中最高。这说明中国粮食主产区内经济发展区域差异较大，剩余9个粮食主产区均低于全国平均水平，农业对于地区生产总值的贡献在减弱，但农业经济发展推动整体经济的发展，整体的经济发展水平为农业的可持续发展提供资金支持，促进农业产业结构优化，推动农业技术创新，培育农业经济发展新动力。全国农业生产总值中有60.11%是由粮食主产区贡献的，其中河南省、山东省、四川省农业生产总值超过5 000亿元，居于中国粮食主产区前列，分别为6 564.8亿元、5 814.6亿元和5 089.5亿元。此外，城市化对农业也产生着深刻的影响，随着城镇化进程的推进，2021年中国城镇化率达到64.72%。城镇化对于农业的影响是双向的，城镇化进程的推进能够促进农村产业结构的调整，吸纳农村富余劳动力的转移就业，进一步提高农村劳动力收入水平，扩大农民消费需求，进而推动农村经济发展。然而，城镇化进程的推进也给农村经济发展特别是农业生产带来了负面影响，例如，城市用地面积的扩大不同程度上挤占了耕地，闲置房屋增加，同时城镇化进程的推进使优质劳动力外流，不仅农村专职农民整体素质偏低，还让农业科技在农村的普及遭遇困难。江苏省的城市化水平在粮食主产区中最高，约73.94%，高于粮食主产区的平均水平63.69%，略高于全国的城市化水平64.72%。粮食主产区中辽宁省、内蒙古自治区、黑龙江省、江苏省、山东省、湖北省城镇化率高于主产区平均水平，仅有江苏省、黑龙江省、内蒙古自治区、辽宁省城镇化率高于全国平均水平。城市化的持续推进，会导致农业劳动力数量减少、素质弱化，同时会造成耕地面积减少、质量不断降低的现象，但是城市化水平高一般来说意味着经济发展水平高，可以为农业发展提供更多资金和技术支持。2021年中国粮食主产区的农村固定资产投资总额约为4 609.3亿元，可占到全国总额的55.29%。其中湖南省的投资数额最高，约为636.6亿元；最低为吉林省，农村固定资产总投资额为140.5亿元。农村固定资产投资对农村经济的发展起着重要作用，近年来随着投资结构的优化，投资方向上逐渐向农业倾斜，其中内蒙古自治区、吉林省、黑龙江省农村固定资产投资总额中有超过90%投向了农林牧渔业，使得农村固定资产投资对农业经济拉动作用明显增强，"三农"问题的核心是农民的收入问题，通过农村固定资产投资繁荣农村经济，增加农民收入，是实现乡村振兴的必由之路。改革开放以来，农民收入水平有了很大提高，农村固定资产投资对农民收入增长有很大贡献。粮食生产的主要投资主体是农民，粮食主产区农村居民家庭人均可支配收入的平均水平略高出全国平均水平 6 680.6 元，值得一提的是，13 个粮食主产区的农民人均可支配收入均高于全国平均水平，这不仅能够为粮食主产区粮食生产提供资金保障，更为其他产业提供了更大的市场需求，更重要的是有利于提高粮食主产区农民投资粮食生产的能力与积极性，保障粮食主产区的粮食生产。农业技术应用上，粮食主产区的农用机械总动力占全国农用机械总动力的 73.12%，表明中国粮食主产区农用机械利用广泛，其中山东和河南两省农用机械总动力耗用较多，分别为 11 186.1 万千瓦和 10 650.2 万千瓦。随着工业化的速度加快、农民劳动观念改变，农业劳动力短缺问题日益突出，这会导致农业劳动力的价格上升，并且粮食种植效益会降低，影响粮食生产的稳定。而农业机械化对保障粮食生产稳定具有重要作用，农业机械的广泛应用能够代替手工工具，能够根据农业技术和作物特性的要求提高生产效率，是保障粮食稳产、高产的有力手段。因此，现代粮食生产的过程是通过农业机械对土地、劳动力、资金等生产要素投入和技术进步实现的。随着工业化、城镇化进程加快，耕地面积减少，农业劳动力逐渐转变为非农业劳动力，再加上农民劳动观念转变的影响，导致粮食生产劳动力短缺问题加剧，在这样的背景下，要想稳定粮食生产，更需要提高农业机械化水平。

粮食主产区之所以适合大规模进行粮食作物种植，首要条件是其具有得天独厚的自然条件，光热水资源丰富且配合较好，夏季高温多雨，水源充足，气候温暖湿润，雨热同期，使农作物在活跃的生长期内，能够获得充足的热量和水分，地势平缓、地形以平原为主，土壤相对肥沃，适宜机械化耕作。自然条件的得天独厚给中国粮食主产区粮食稳产高产提供了基础，而社会经济条件同样具有比较优势，一般经济发展水平和城市化进程与全国基本持平甚至高于全国平均水平，这不仅说明粮食主产区的经济发展水平可以为粮食生产发展提供充足的资金支持，在农业基础设施投资、农业生产保障、农村居民生活保障等方面更具优势。农业生产总值及农村居民家庭人均可支配收入高于全国平均水平，在多方面因素共同作用下，保障了中国粮食主产区的粮食效益，农户可以种粮获得更多的收益，也正是因为农户种粮得利，农户粮食生产积极性得以调动，鼓励农户增加对粮食生产投资，有利于保障粮食种植面积扩大以及粮食产量的增加。与此同时，中国粮食主产区贡献了全国的大部分农业机械投入，农业机械化水平较高利于推动农业现代化的发展，农业机械化不仅能够有效提升农业经济效益，推动农业与第二、三产业的共同发展，农业机械化的发展，还能够极大地解放农村劳动力的束缚，改善农民的生活，缩小城乡收入差距，优化农业生产结构，保持社会经济发展稳定。综上所述，与其他地区相比，中国粮食主产区的气候、热量、土壤等自然条件形成了一定的资源优势，适合粮食作物的生长，经济、劳动力、技术等社会经济条件形成了一定的技术优势、经济优势等比较优势，为粮食生产提供了有力支撑。正是因为中国粮食主产区在自然与技术经济上具有明显的优势，中国粮食主产区大面积的粮食种植及优秀的产出能力，形成了成都平原、洞庭湖平原、江淮地区、江汉平原、鄱阳湖平原、太湖平原、三江平原、松嫩平原、珠江三角洲等九大商品粮基地，这里得天独厚的自然环境和社会经济条件，粮食作物的存活率和产量均较高，能够保障中国粮食的有效供应和粮食价格的稳定，对于保障中国粮食安全有重要意义。

3.2 中国粮食主产区粮食生产发展演变特征

3.2.1 粮食主产区粮食产量状况

改革开放以来，家庭联产承包责任制在生产实践过程中得到不断完善，党的十八大以来，党中央更是将粮食安全问题作为治国理政的头等大事，提出的谷物基本自给、口粮绝对安全理念丰富了中国粮食安全的内涵。2022年中央一号文件首次将保障粮食安全作为底线进行强调，2023年中央一号文件更是强调农业强国的首要任务就是要确保粮食安全，在政策措施上强化藏粮于地、藏粮于技，保障农民种粮得利。中国在农业产业方面特别是粮食生产领域实行了一系列惠农政策，充分调动了农民的生产积极性，粮食产量不断增长，解决了人民的温饱问题，现在我们不仅要保障人民"吃饱"，更要"吃好""吃得健康"。在一系列优惠政策加持及多方面共同努力下，中国特别是中国粮食主产区粮食产量和质量稳步提升，粮食市场价格运行平稳，市场宏观调控能力不断增强，粮食这种初级产品的加工产业不断深化发展，粮食市场的监管水平和综合治理能力更是迈上新高度。

中国粮食总产量总体呈现上升趋势，从 1978 年的 3.05 亿吨增长至 2022 年的 6.87 亿吨，粮食总产量增加了 3.82 亿吨。改革开放后，粮食产量整体趋势是增长的，但是粮食生产量的增长趋势并非保持直线上升的，2000—2003 年主产区同全国粮食总产量均呈现下滑，2003 年下降至 4.307 亿吨，粮食主产区也下降至 3.071 亿吨。2004 年实行各项农业补贴以后，全国粮食产量下滑趋势得以控制，2006 年农业税退出历史舞台，极大减轻了农民负担，增加农民收入，充分调动农民种粮积极性，在随后的 12 年内，中国粮食产量得以实现稳定持续增长。尽管 2016 年粮食主产区产量较 2015 年略有下降，但仍达到 4.678 亿吨，占全国总量的 75.91%，由图 3-2 可知 2004—2021 年的 18 年间中国粮食总产量超过 70% 是由中国粮食主产区提供的，近 5 年来，中国粮食主产区粮食产量占全国粮食总产量的比重均超过 78%。此外，2021 年粮食产量较 2004 年增加了 2.133 8 亿吨，增长了 45.45%，其中粮食主产区增加了 1.948 8 亿吨，占全国粮食总产量增长量的 91.33%，换言之，中国近 18 年间的粮食增长中有 91.33% 来自 13 个粮食主产区。由此可见，我国粮食主产区粮食生产对全国粮食安全所做出的贡献是十分显著的。

之所以界定 13 个省份为粮食主产区，除了因为相较于粮食主销区和产销平衡区从自然条件和社会经济等各方面因素来看中国粮食主产区都更加适合种植粮食作物，并形成了一定的资源优势、技术优势和比较经济效益，粮食产量高，还在于中国粮食主产区在满足自身口粮需求的同时，有能力为其他地区提供足量的粮食的商品输出。因此粮食生产总量大并不意味着粮食商品输出能力强。人均粮食占有量这一指标从侧面反映一个区域粮食自给能力和商品输出的能力，计算方法是用全年粮食总产量除以总人

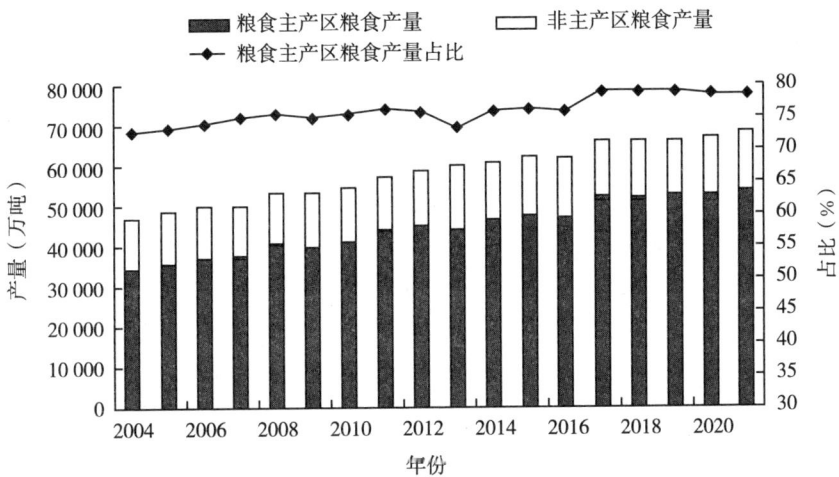

图 3-2 2004—2021 年中国粮食主产区粮食产量及其全国占比变化

数据来源：2005—2022 年《中国农村统计年鉴》。

口，国际公认的粮食安全线是人均粮食占有量达到 400 千克，2021 年中国粮食人均占有量为 483 千克，意味着中国基本实现了谷物自给，口粮绝对安全，中国粮食主产区在保障粮食安全中扮演了重要角色，纵观 2021 年中国各省份粮食人均占有量，我们发现，中国粮食主产区总体的粮食人均占有量约为 673.49 千克，远高出全国平均水平。由表 3-7 可知，中国粮食主产区内部人均粮食占有量也存在较大差异，13 个粮食主产省份中只有湖北省、湖南省、四川省、江苏省 4 个省份的人均粮食占有量略低于全国平均粮食人均占有量水平，其余 9 个粮食主产省份均高于全国平均水平，其中黑龙江省、吉林省、内蒙古自治区这 3 个省份的粮食人均占有量不仅显著高于全国平均水平，并高于粮食主产区的平均水平，粮食人均占有量分别达到 2 517.66 千克、1 700.45 千克和 1 600.13 千克，这 3 个省份的粮食人均占有量分别是全国平均水平的 5.21 倍、3.52 倍和 3.31 倍，因此认定其具有较强的商品粮输送能力。值得注意的是山东省、河南省粮食产量较大，但由于人口众多，粮食的人均占有量为 540.93 千克和 662.17 千克，反而低于粮食总产量较低的内蒙古、吉林等省份，因此，山东省、河南省在保障自身粮食自给的同时，其粮食商品供应能力弱于内蒙古自治区和吉林省等粮食主产区。

表3-7 2021年中国粮食主产区粮食产量及人均占有量统计

省份	产量（万吨）	占全国粮食总产量比重（%）	粮食人均占有量（千克）	人口（万人）
河北省	3 825.1	5.57	513.57	7 448.0
内蒙古自治区	3 840.3	5.59	1 600.13	2 400.0
辽宁省	2 538.7	3.70	600.25	4 229.4
吉林省	4 039.2	5.88	1 700.45	2 375.4
黑龙江省	7 867.7	11.46	2 517.66	3 125.0
江苏省	3 746.1	5.46	440.44	8 505.4
安徽省	4 087.6	5.95	668.67	6 113.0
江西省	2 192.3	3.19	485.30	4 517.4
山东省	5 500.7	8.01	540.93	10 169.0
河南省	6 544.2	9.53	662.17	9 883.0
湖北省	2 764.3	4.03	474.15	5 830.0
湖南省	3 074.3	4.48	464.26	6 622.0
四川省	3 582.1	5.22	427.87	8 372.0
主产区	53 602.6	78.08	673.49	79 589.5
全国	68 653.0	100.00	483.00	141 260.0

数据来源：2022年《中国统计年鉴》。

3.2.2 粮食主产区粮食播种面积状况

农业是国民经济的基础，土地资源则是农业生产最基础的资源，农业生产的一个典型特点是现有技术条件下土地资源的不可替代性。城市化是经济社会发展的内在要求，但城市的快速扩张需要占用土地，因此随着人口的增长和城市化的快速发展，耕地资源稀缺性日益凸显，目前中国耕地面积保有总量为1.82亿公顷，耕地面积仅占全国土地面积的11.6%，其中粮食作物的耕种面积为1.33亿公顷，在现有技术水平下，土地要素投入是作物生长基础，因此粮食播种面积则是保证粮食生产最基础的条件。2004—2021年中国粮食主产区农作物、粮食播种面积总体呈现平稳上升趋势。2004年中国农作物的播种面积为15 355.3万公顷，2021年达到了16 869.5万公顷，增长1 514.2万公顷，18年间的增长率为9.86%，中国粮食主产区的农作物播种面积由 2004 年的 10 404.52 万公顷增长至 2021 年的 11 776.27 万公顷，18 年间中国粮食主产区农作物播种面积增长了 1 371.75 万公顷，增长量占全国增长总量的 90.59%，换言之，中国农作物播种面积的增长基本上来自粮食主产区的农作物面积扩大。2021 年中国主销区的农作物播种面积为 966.88 万公顷，仅占全国农作物播种面积的 5.7%，粮食产销平衡区的农作物播种面积为 4 226.34 万公顷，占全国农作物播种面积的 25%。中国农作物播种面积中主要作物是粮食作物，2021 年中国农作物播种总面积中有近 70% 是粮食作物，2021 年中国粮食播种总面积达到 11 763.08 万公顷，2004 年中国粮食主产区粮食播种面积为 7 038.76 万公顷，2021 年增长至 8 856.85 万公顷，增长了 1 818.09 万公顷，增长率为 25.83%，由图 3 - 3 可知中国粮食主产区农作物种植结构以粮食作物为主，农作物播种面积中的粮食播种面积占比也呈现总体上升趋势，中国粮食主产区粮食播种面积在农作物播种面积中占比于 2006 年开始实现了 70% 的突破，至今十年间该比重仍然保持在 70% 以上并总体呈现稳中略有上升的趋势。中国粮食主产区粮食播种面积占农作物播种面积的比重由 2004 年的 67.65% 上升至 2021 年的 75.21%，2018 年高达 76.55%。此外，从图 3 - 3 中可以看出，2004—2019 年中国粮食主产区的粮食播种面积占全国粮食播种面积的比重也在逐渐增长，2020—2021 年略有下降，2021 年中国粮食主产区粮食播种面积占全国粮食播种总面积的 75.29%。中国粮食主销区粮食播种面积为 487.81 万公顷，仅占全国粮食播种面积的 4.15%，粮食产销平衡区粮食播种面积为 2 418.42 万公顷，占全国粮食播种总面积的 20.56%。正是因为中国粮食主产区粮食播种面积广大，保障了土地这一最基本要素的有效投入，为实行大机械化作业、提升劳动生产率和取得粮食生产的规模效益提供了条件，中国粮食主产区在保障中国粮食安全中起到重要作用。

2004—2021 年这 18 年，主产区的粮食播种总面积累计增加了 1 818.09 万公顷，累计增长了 25.82%。但是由于各粮食主产区省份的生产条件、生产结构、自然条件与社会条件等情况不同，所以粮食主产省份的区域变化差异较大。从粮食播种面积的省际变化情况来看（表 3 - 8），13 个粮食主产省份中有 12 个省份的粮食播种面积呈现增长态势，其中粮

图例：
- 主产区粮食播种面积
- 主产区粮食播种面积占农作物播种面积比重
- 非主产区粮食播种面积
- 主产区粮食播种面积占全国比重

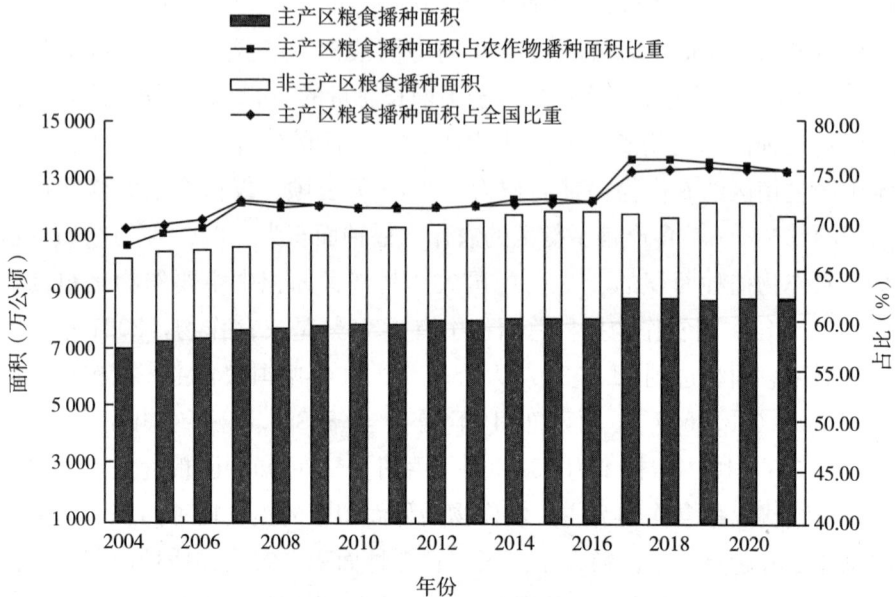

图 3-3　中国粮食主产区粮食播种面积及其全国占比变化

数据来源：2005—2022 年《中国农村统计年鉴》。

食播种面积增加量和增加幅度均名列前茅的有：黑龙江省、内蒙古自治区、山东省、河南省。这 4 个粮食主产省份粮食播种面积共计增加 1 277.75 万公顷，占粮食主产区粮食播种面积增长总量的 70.28%，其中黑龙江省粮食播种面积居全国第一，为 1 455.13 万公顷，粮食播种面积增长 609.33 万公顷，增长幅度达 39.57%。粮食播种面积呈现正增长的省份中湖南省粮食播种面积增长量和增长幅度最小，增长量为 0.43 万公顷，增长幅度为 2.87%。13 个粮食主产省份中只有四川省的粮食播种面积较 2004 年是减少的，减少量为 11.88 万公顷。

表 3-8　2004—2021 年中国粮食主产区粮食播种面积省际变化统计

省份	2004 年粮食播种面积（万公顷）	2021 年粮食播种面积（万公顷）	粮食播种面积增减量（万公顷）	粮食播种面积增减幅度（%）
河北省	600.34	642.86	42.52	5.40
内蒙古自治区	418.11	688.43	270.32	38.36
辽宁省	290.67	354.36	63.69	11.17

（续）

省份	2004 年粮食播种面积（万公顷）	2021 年粮食播种面积（万公顷）	粮食播种面积增减量（万公顷）	粮食播种面积增减幅度（％）
吉林省	431.21	572.13	140.92	16.46
黑龙江省	845.80	1 455.13	609.33	39.57
江苏省	477.46	542.75	65.29	13.78
安徽省	631.22	730.96	99.74	5.26
江西省	335.01	377.28	42.27	10.03
山东省	617.63	835.51	217.88	21.62
河南省	897.01	1 077.23	180.22	14.67
湖北省	371.24	468.60	97.36	19.52
湖南省	475.41	475.84	0.43	2.87
四川省	647.65	635.77	−11.88	−0.35
主产区合计	7 038.76	8 856.85	1 818.09	15.81
全国合计	10 160.60	11 303.40	1 142.80	11.25

数据来源：2005—2022 年《中国农村统计年鉴》。

3.2.3 粮食主产区粮食单产状况

　　增加粮食产量，归根到底两种途径，扩大耕种面积或提高单位面积产量。中国耕地面积仅占中国土地面积的 11.6％，随着人口数量增长和城市化进程的持续推进，人均耕地面积不断减少，2021 年中国人均耕地面积仅为 0.13 公顷。不仅人均耕地面积少，耕地质量普遍较低，2021 年中国优质耕地面积仅占耕地总面积的 5.6％，超 2/3 为中低产田，同时，粮食生产用地还面临土壤污染、水土流失、肥力下降等一系列问题。因此，在现有技术水平下，通过单纯扩大耕地面积增加粮食作物种植来提高粮食产量的道路似乎走不通了，但严守耕地红线保障粮食播种面积是实现粮食安全最基本的条件。近年来国家一直强调保障粮食安全，深化落实藏粮于地、藏粮于技的各项举措，增加粮食产量要从依靠农业技术、优化资源配置、提高粮食单产上下功夫。挖掘提高粮食单产的潜力，通过提高耕地利用效率、推广作物优良品种和栽培技术、提高田间综合管理水平、完善农业基础设施、保障农田养分和水热资源供给等多方共同发力，提高粮食单位面积产量进而提高中国粮食产量，保障中国粮食安全。

2004—2021 年中国粮食主产区不同粮食作物品种间的单产水平差异较大，但品种自身纵向时序上总体呈现上升趋势。综合来看，全国粮食单位面积产量也由 2004 年的每公顷 4 030.9 千克增加到 5 805 千克，中国粮食主产区的粮食单位面积产量总体由 2004 年的每公顷 4 957.1 千克增长至 2021 年的每公顷 6 052.1 千克，中国粮食主销区粮食单位面积产量为每公顷 6 016.3 千克。主销区的粮食单位面积产量仅次于中国粮食主产区却远高于全国平均水平，这是因为中国粮食主销区主要是指经济相对发达，技术相对先进，人多地少，粮食单位面积产量虽然较高但是仍然不能够满足需求、粮食自给率低的东南沿海地区，包含北京市、天津市、上海市、浙江省、福建省、海南省这 6 个省份。2021 年粮食产销平衡区的粮食产量为每公顷 4 857.4 千克，产销平衡区主要包括山西省、宁夏回族自治区、青海自治区、甘肃省、西藏自治区、云南省、贵州省、重庆市、广西壮族自治区、陕西省和新疆维吾尔自治区等 11 个省份，这些区域的粮食生产受到相对恶劣的生态环境、落后的经济技术条件的多方面因素影响，其粮食单位面积产量是三大区域中粮食单位面积产量最低的一个区域，因此粮食产销平衡区对全国粮食产量贡献相对有限，但基本能够保持自给自足，不需要商品粮的大量调入。2004—2021 年中国粮食主产区、主销区的粮食单产水平均高于全国平均水平。

由于粮食作物品种本身性质差异、各粮食主产省份生产条件及生产结构等情况不同，因此不同省份、不同粮食作物品种单位面积产量变化情况也存在很大差异。在中国粮食统计范围相对广泛，按品种分不仅包括谷物，还包括豆类和薯类。由表 3 - 9 可知，总体而言，中国粮食主产区的谷物、豆类、薯类单产水平均高于全国平均水平。其中 2021 年谷物单产水平最高的是辽宁省（7 376.8 千克/公顷），吉林省紧随其后，谷物单位面积产量达 7 363.4 千克/公顷，中国粮食主产区中谷物单位面积产量最低的是河北省（5 998.6 千克/公顷）。2004—2021 年中国粮食主产区中谷物单位面积产量增加最多的是内蒙古自治区，其谷物单位面积产量每公顷提高了 1 764.5 千克。2004—2021 年这 18 年有河北省、内蒙古自治区、吉林省、黑龙江省、安徽省、河南省、四川省等 7 个粮食主产区谷物单位面积产量每公顷提高了超 1 000 千克。2021 年中国 13 个粮食主产省份中湖北省的谷物单位面积产量相比于 2004 年增加幅度最小，每公顷仅增加了 130.3 千克，但其单产水平 2004 年就已经达到每公顷 6 235.3 千克，2021 年谷物单产为 6 365.6 千克/公顷，仍然高于全国谷物平均单产每公顷 6 316.4 千克的水平。

表 3-9　2004—2021 年中国粮食主产区分品种粮食作物单位面积产量统计

单位：千克/公顷

省份	谷物单位面积产量			豆类单位面积产量			薯类单位面积产量		
	2004 年	2021 年	增减变化量	2004 年	2021 年	增减变化量	2004 年	2021 年	增减变化量
河北省	4 357.4	5 998.6	1 641.2	1 600.1	2 334.8	735	3 214.3	6 190.8	2 976.5
内蒙古自治区	4 569.2	6 333.7	1 764.5	1 263.2	1 792.5	529	3 594.0	4 601.5	1 007.5
辽宁省	6 653.4	7 376.8	723.4	1 667.2	2 371.7	705	3 213.0	4 346.3	1 133.3
吉林省	6 358.7	7 363.4	1 004.7	2 636.0	2 006.5	−630	6 807.8	5 840.5	−967.3
黑龙江省	5 246.5	6 770.0	1 523.5	1 772.0	1 833.2	61	3 031.2	4 774.5	1 743.3
江苏省	6 184.5	7 128.4	943.9	2 682.1	2 616.0	−66	6 069.0	6 634.5	565.5
安徽省	4 956.9	5 999.9	1 043.0	1 221.1	1 528.9	308	4 371.5	3 042.9	−1 328.6
江西省	5 177.4	6 017.5	840.1	1 496.8	2 343.4	847	4 123.6	4 177.8	54.2
山东省	5 704.1	6 637.8	933.7	2 969.7	2 925.6	−44	7 702.3	8 547.1	844.8
河南省	4 980.6	6 224.3	1 243.7	1 885.5	2 160.3	275	4 661.6	5 626.7	965.1
湖北省	6 235.3	6 365.6	130.3	2 162.5	1 648.5	−514	3 989.3	3 362.7	−626.6
湖南省	5 923.2	6 646.7	723.5	2 015.7	2 640.6	625	4 073.3	5 290.3	1 217.0
四川省	5 420.4	6 451.4	1 031.0	2 150.7	2 332.7	182	3 907.5	4 317.2	409.7
主产区平均	5 520.6	6 562.6	1 042.0	1 963.2	2 195.0	232	4 519.9	5 134.8	615.0
全国平均	5 186.8	6 316.4	1 129.6	1 744.0	1 942.1	198	3 762.0	4 150.0	388.0

数据来源：2005—2022 年《中国农村统计年鉴》。

中国作为大豆的原产国，已有几千年的种植历史，但中国大豆种植的现状不容乐观，近年来中国大豆国内需求远大于供给，大豆消费严重依赖进口，2021 年中国大豆需求量虽较 2020 年有所下降，但仍然高达 11 125.69 万吨，而 2021 年中国的大豆产量仅为 1 639.54 万吨，较 2020 年减产 320 万吨，国内大豆产量远低于需求，需要大量进口大豆以满足国内需求。深究其原因，经济的发展带来了产业结构的调整，使大豆种植面积减少，从保障粮食安全的角度看，大豆过度依赖进口直接影响中国粮食安全保障，中国大豆单位面积产量与国际主要大豆出口国家存在较大差距，中国要想实现大豆的自给自足，需要大面积扩大大豆的种植面积，但耕地面积有限，挤占谷物种植面积又会对国家粮食安全产生影响。2021 年豆类单位面积产量最高的是山东省（2 925.6 千克/公顷），最低的是安徽省（1 528.9 千克/公顷），中国大豆平均产量为每公顷 1 942.1 千克，与全球平均水平的 2 832.6 千克/公顷存在很大差距，与大豆主要出口国美国（3 460.05 千克/公顷）、巴西（3 550.05 千克/公顷）、阿根廷（2 809.95 千克/公顷）差距明显。因此单位面积产量低成为大豆生产发展缓慢的内部因素，此外，大豆种植比较收益低，农民更愿意将优质耕地种植收益较高的玉米等竞争性作物，由此形成了大豆单产的恶性循环。面临耕地面积有限和单位面积产量较低的双重困难，中央一号文件连续多年强调深入推进大豆产能提升工程，明确提出大力发展玉米大豆带状复合种植，为了落实大豆的种植，开发利用盐碱地，黄淮地区光热资源丰富、生产技术条件优越，玉米大豆可以同期种植，是最有潜力、最适合规模化推广大豆复合种植的粮食主产区。从表 3-9 中可以看出，13 个主产省份中豆类单产水平 2021 年较 2004 年提高的有：河北省、内蒙古自治区、江西省、辽宁省、黑龙江省、安徽省、河南省、湖南省、四川省 9 个省份。其中豆类单产增加最多的是江西省，每公顷产量提高了 847 千克。总体来看，2021 年中国粮食主产区豆类单产水平虽然略高于全国平均水平，但 2021 年粮食主产区豆类单位面积产量较 2004 年增长幅度有限，每公顷约增加 232 千克。

鉴于中国人口众多、传统忧患意识和传统饮食习惯的影响，中国食物观念广大，国家更加倡导构建多元食物供给体系以保障中国粮食安全，薯类作为重要的粮食作物之一，其单位面积产量对于粮食总产量产生重要的影响。薯类作物喜暖怕冷，低温对甘薯生长有害，喜光照，属不耐阴的作物,光照越足,对薯类作物增产越有用。2021 年中国薯类单位面积产量较 2004 年每公顷增加了 388 千克,但中国粮食主产区薯类平均单位面积产量每公顷增加了 615 千克,在全国具有相对优势。2021 年中国粮食主产区薯类单位面积产量最高的是山东省(8 547.1 千克/公顷),最低的是安徽省(3 042.9 千克/公顷),安徽省的薯类单位面积产量较 2004 年不仅没有增长,每公顷还下降了 1 328.6 千克。中国粮食主产区中薯类单位面积产量增加最多的是河北省,其 2021 年薯类单位面积产量较 2004 年每公顷增加了 2 976.5 千克,其增加量接近于 2021 年安徽省单位面积产量,增加幅度较大。吉林省、安徽省、湖北省 3 个省份的薯类单位面积产量出现不同程度的下降,下降幅度最大的为安徽省。

3.2.4 粮食主产区粮食生产成本及利润情况

2004—2020 年,中国稻谷、小麦和玉米三种粮食亩均净利润由 196.5 元下降至 47.1 元,其中 2016—2019 年,中国三大主粮生产净利润均为负,亩均成本利润率最低为 -7.8%,2021 年虽然利润有所回升,但仍然远低于 2004 年,2021 年三大主粮的亩均净利润为 116.8 元,是近 7 年间的最高收益水平(表 3-10)。由此看来,种粮收益远低于非农产业收入,同时低于种植经济作物的收益。2004—2020 年成本利润率由 49.7% 下降至 4.2%,2021 年回升至 10.1%。值得关注的是,虽然近年来国家出台的众多强农惠农政策不断向种粮农民倾斜,对保障农民种粮收益起到了较好的作用,但是中国三大主粮生产受土地流转下地租显性化影响,土地成本逐年走高,土地成本从 2004 年的 54.1 元增长到 2021 年的 257.5 元,劳动力投入种粮机会成本提高直接导致种粮人工成本快速增长,2021 年三大主粮人工成本比 2004 年增加 2 倍,农资价格上涨等因素也使得生产成本不断增加,2004—2021 年粮食生产成本从每亩 341.4 元上涨到 899.7 元,种粮成本普遍提升,种粮收益空间被不断挤压。保障国家粮食安全的前提条件是保证农民种粮积极性,而想要农民保持种粮积极性最重要的是让农民种粮得利。随着近年来粮食种植的集中化,对种粮大户和粮食主产区种粮农民利益的保护成为重中之重。

表 3-10 2004—2021 年中国三大主粮每亩成本收益统计

年份	主产品产量（千克）	产值合计（元）	总成本（元）	其中：			净利润（元）	现金成本（元）	现金收益（元）	成本利润率（%）
				生产成本（元）	人工成本（元）	土地成本（元）				
2004	404.8	592.0	395.5	341.4	141.2	54.1	196.5	218.0	373.9	49.7
2005	393.1	547.6	425.0	363.0	151.4	62.0	122.6	228.8	318.8	28.8
2006	403.9	599.9	444.9	376.7	151.4	68.3	154.9	243.2	356.7	34.8
2007	410.8	666.2	481.1	399.4	159.6	81.6	185.2	261.7	404.4	38.5
2008	436.6	748.8	562.4	462.8	175.6	99.6	186.4	314.6	434.3	33.1
2009	423.5	792.8	600.4	485.8	188.4	114.6	192.4	326.1	466.7	32.0
2010	423.5	899.8	672.7	539.4	226.9	133.6	227.2	348.5	551.3	33.8
2011	442.0	1 041.9	791.6	641.4	283.0	149.8	250.8	399.7	642.2	31.7
2012	451.4	1 104.8	936.4	770.2	372.0	166.2	168.4	449.7	655.1	17.9
2013	444.7	1 099.1	1 026.2	844.8	429.7	181.4	72.9	473.8	625.3	7.1
2014	470.9	1 193.4	1 068.6	864.6	446.7	203.9	124.9	482.9	710.4	11.7
2015	467.4	1 109.6	1 090.0	872.3	447.4	217.8	19.6	492.9	616.6	1.8
2016	457.1	1 013.3	1 093.6	871.3	441.8	222.3	−80.3	501.8	512.1	−7.3
2017	468.7	1 069.1	1 081.6	866.0	428.8	215.6	−12.5	510.6	558.5	−1.2
2018	449.3	1 008.2	1 093.8	868.9	419.4	224.9	−85.6	526.5	481.7	−7.8
2019	482.3	1 078.4	1 108.9	875.6	413.4	233.3	−30.5	537.5	540.9	−2.8
2020	466.9	1 166.7	1 119.6	880.8	412.8	238.8	47.1	553.1	613.6	4.2
2021	486.4	1 274.0	1 157.2	899.7	414.0	257.5	116.8	581.4	692.7	10.1

数据来源：2005—2022 年《中国农村统计年鉴》。

3.2.5 粮食主产区农村居民人均可支配收入状况

保障中国粮食主产区的粮食高产、稳产对于中国粮食安全具有重要意义。2023 年中央一号文件指出，保障粮食生产关键在于强化农民种粮得利保障机制，同时，农民本身是粮食生产的重要投资主体，因此，推动粮食主产区种粮农民的收入持续稳定增长，对于调动农民种粮积极性，保障粮食生产具有重要意义。中国粮食主产区的农村居民可支配收入主要指农村居民总收入扣除家庭经营性支出等支出及生产性固定资产折旧后可以用于最终消费和储蓄的总和，影响中国粮食主产区的农村居民可支配收入的因素有很多，如粮食主产区产业结构、粮食价格稳定性、农业补贴政策等因素。2004 年，"两个趋向"的重要论断提出：在工业化初始阶段，农业支持工业、为工业提供积累是带有普遍性的趋向；但在工业化达到相当程度以后，工业反哺农业、城市支持农村，实现工业与农业、城市与农村协调发展，也是带有普遍性的趋向。自此，农业迎来了新的发展机遇，工业开始支持农业发展，推出一系列强农惠农政策，农业得以发展的前提下中国农村居民人均可支配收入情况也发生了翻天覆地的变化。由图 3-4 可知，2004—2021 年全国农村居民人均可支配收入增长迅速，从 2004 年的 2 936.4 元增加到 2016 年的 18 931 元，增长了 5.45 倍，年均增长率约为 112%。其中 13 个粮食主产区农民人均可支配收入也实现迅速增长，从 2004 年的 3 033.6 元增加到 19 387.9 元，增长了 5.39 倍，年均增长率与全国持平，约为 112%。纵观 2004—2021 年的农村居民人均可支配收入情况，中国粮食主产区农民收入水平略高于全国平均水平。其中 2015 年粮食主产区与全国平均水平基本持平，仅高于全国 51.5 元，2012 年是粮食主产区的农村居民人均可支配收入与全国平均水平差距最大的一年，粮食主产区超出全国约 658.6 元。

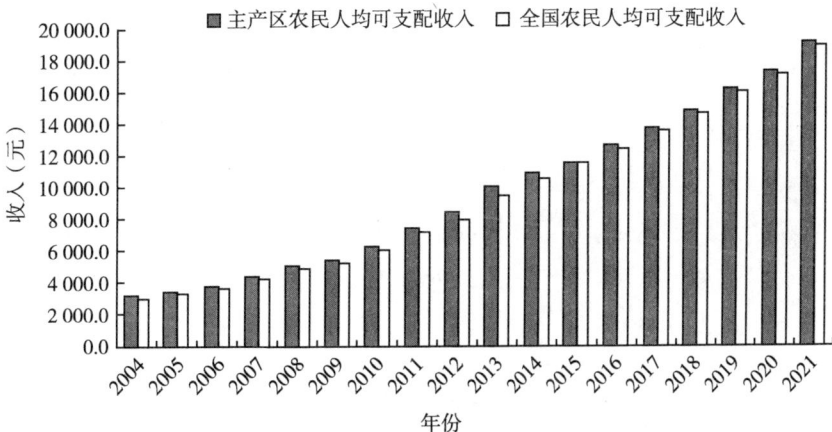

图 3-4　中国粮食主产区和全国农村居民人均可支配收入变化

数据来源：2005—2022 年《中国统计年鉴》。

从省际层面来看，如表 3-11 所示，2021 年中国 13 个粮食主产区农村

居民人均可支配收入全部都在 17 000 元以上，其中最高的为江苏省
（26 790.8元），高于中国粮食主产区平均水平 7 747.7 元，并高于全国平均
水平 7 859.9 元。中国粮食主产区中农村居民人均可支配收入最低的省份为
河南省，收入为 17 533.3 元，与江苏省相差 9 257.5 元，并低于全国平均水
平 1 397.6 元。从表 3-11 中不难看出，中国粮食主产区农村居民人均可支
配收入整体上虽然略高出全国平均水平，但是仅高出 0.6%，也只有江苏
省、山东省、辽宁省 3 个粮食主产省份的农村居民人均可支配收入高于全
国农村居民人均可支配的平均水平，其余各省份农村居民人均可支配收入
均低于全国平均水平，究其原因，主要在于中国粮食主产区农民收入构成
中，财产性收入较少且占比较低。纵向看来，近年来中国粮食主产区的农

表 3-11   2004—2021 年中国粮食主产区农村居民人均可支配收入变化统计

单位：元,%

省份	2004 年农村居民人均可支配收入	2021 年农村居民人均可支配收入	增减变化量	增减变化幅度
河北省	3 171.1	18 171.9	15 000.8	473.0
内蒙古自治区	2 606.4	18 336.8	15 730.4	603.5
辽宁省	3 307.1	19 216.6	15 909.5	481.1
吉林省	2 999.6	17 641.7	14 642.1	488.1
黑龙江省	3 005.2	17 889.3	14 884.1	495.3
江苏省	4 753.9	26 790.8	22 036.9	463.6
安徽省	2 499.3	18 371.7	15 872.4	635.1
江西省	2 786.8	18 684.2	15 897.4	570.5
山东省	3 507.4	20 793.9	17 286.5	492.9
河南省	2 553.2	17 533.3	14 980.1	586.7
湖北省	2 890.0	18 259.0	15 369.0	531.8
湖南省	2 837.8	18 295.2	15 457.4	544.7
四川省	2 518.9	17 575.3	15 056.4	597.7
主产区平均	3 033.6	19 043.1	16 009.5	527.7
全国平均	2 936.4	18 930.9	15 994.6	544.7

数据来源：2005—2022 年《中国统计年鉴》。

民人均可支配收入增长比较缓慢，2004—2021 年中国粮食主产区农村居民可支配收入增加幅度排名前三的有安徽省、内蒙古自治区、四川省。从农民收入的增长情况看，江苏省 2021 年农村居民人均可支配收入较 2004 年增加了 22 036.9 元，增加了约 4.6 倍；山东省增加了 17 286.5 元，增加了约 4.9 倍；辽宁省增加了 15 909.5 元，增加了约 4.8 倍。增长量最少的吉林省也增加了 14 642.1 元，增加了约 4.9 倍。2004—2021 年农村居民人均可支配收入增长幅度最大的为安徽省，其 2021 年的人均可支配收入较 2004 年增长了 6.35 倍。变化幅度最小的为江苏省。以上数据能够说明农民收入发生了翻天覆地的变化，曾经的落后与贫困的状况逐渐好转，农民生产生活条件得以改善，但是，需要关注的是，2021 年中国居民人均可支配收入为 35 128 元，而农村居民可支配收入仅为 18 930.9 元，距离全国平均水平有很大差距，与城镇居民人均可支配收入（47 412 元）更是相差甚远，说明城乡收入差距较大，农村收入分配不平等的现象仍然存在。

表 3-12 表明，中国粮食主产区农村居民可支配收入主要来自工资性收入和经营净收入，两者占农村居民可支配收入的 76.7%，转移净收入占总可支配收入的 20.8%，财产净收入占比非常低，仅为 2.5%，这也是中国粮食主产区农村居民可支配收入较低的原因之一。从财产净收入构成看，转让承包土地经营权租金净收入、红利及出租房屋财产性收入等是农村居民主要的财产净收入来源。近年来中国粮食主产区农村居民的财产净收入下降的主要原因有可能为，突如其来的疫情使农村各个产业受到不同程度的影响，复工复产推迟使居民出租房屋收入和红利发放受到影响。此外，疫情还影响了农村转让承包土地经营权等活动的正常开展，使得部分农户转让承包土地经营权租金收入受到影响。同时也侧面说明了，土地承包转让的租金在粮食主产区农民收入增加中贡献较小。

纵观中国粮食主产区农村居民可支配收入的构成，经营净收入占比不足四成，粮食产业比较收益较低，无论是与进城务工还是与种植经济作物相比，粮食作物的收益较低，这对粮食主产区农村居民收入增长和经济社会发展的贡献较小。随着中国城市化、工业化、产业化进程的不断推进，中国的粮食生产将持续向粮食主产区集中，那么中国粮食主产区和非主产区之间的居民收入差距将不断拉大，从而影响粮食产业投资并反作用于农业生产发展。以常住人口为标准计算，2021 年中国 13 个粮食主产区人均地方财政一般预算收入约为 6 342 元，相较于全国平均水平低 2 081 元，较非粮食主产区差距更加明显，低了 3 584 元。近 10 年间，非主产区省份与主产区省份人均地方财政一般预算收入差距也在不断扩大，比例由 2012 年的 1.45∶1 扩大为 2021 年的 1.57∶1。换言之，中国粮食主产区和非主产区的经济社会发展差距也在持续扩大。

表 3 - 12　2021 年中国粮食主产区农村居民可支配收入来源

单位：元

省份	可支配收入	工资性收入	经营净收入	财产净收入	转移净收入
河北省	18 178.9	9 496.7	6 016.5	390.5	2 275.2
内蒙古自治区	18 336.8	3 602.7	9 980.1	473.5	4 280.6
辽宁省	19 216.6	7 108.5	8 667.4	297.2	3 043.6
吉林省	17 641.7	4 301.8	10 161.3	387.9	2 790.7
黑龙江省	17 889.3	3 322.3	9 353.5	1 109.4	4 104.0
江苏省	26 790.8	13 109.2	7 022.4	949.5	5 709.7
安徽省	18 371.7	6 372.7	6 795.3	391.7	4 812.0
江西省	18 684.2	8 279.7	6 043.3	336.4	4 024.7
山东省	20 793.9	10 430.1	7 066.3	499.3	2 798.2
河南省	17 533.3	6 695.0	5 605.2	252.6	4 980.5
湖北省	18 259.0	5 948.6	7 552.9	253.9	4 503.7
湖南省	18 295.2	7 165.0	6 530.2	261.5	4 338.5
四川省	17 575.3	5 513.8	6 651.4	586.6	4 823.5
主产区平均	19 043.1	7 026.6	7 495.8	476.2	4 037.3
全国平均	18 930.9	7 958.1	6 566.2	469.4	3 937.2

　　综上所述，中国粮食主产区的生产状况呈现以下特征。第一，2004—2021 年，从粮食产量和粮食播种面积的波动情况看，中国粮食主产区与全国粮食生产情况波动规律相同，总体呈现增长趋势，全国粮食总产量 70% 以上比例来自粮食主产区，近年来该比例提升至 75% 以上，说明粮食生产持续向粮食主产区集聚，粮食主产区的粮食播种面积也始终占到全

国的 65% 以上，2004—2021 年两者占比情况均为稳中有升。第二，从中国粮食主产区自身内部情况看来，农作物种植结构以粮食为主，农作物播种面积中有 65% 以上是粮食。中国粮食主产区谷物、豆类、薯类三大粮食品种的单产水平均高于全国平均单产水平，其中谷物单位面积产量最高，薯类次之，豆类单产水平最低。整体变化较为平稳。第三，中国粮食主产区农村居民人均可支配收入水平虽然整体略高于全国平均水平，但只有江苏省、山东省、辽宁省 3 个粮食主产省份的农村居民人均可支配收入高于中国农村居民人均可支配收入的平均水平，其余各省份农村居民人均可支配收入均低于中国平均水平，财产性收入少且占比较低。粮食主产区和非主产区社会经济差距逐渐扩大。第四，种粮成本持续增加，成本收益率逐年下降甚至出现负值，种粮收益空间逐年减小，对粮食主产区的利益补偿机制有待完善。

通过上述对中国及中国粮食主产区农业生产相关情况的分析可以发现，中国人口众多，在耕地面积有限的情况下，保障粮食生产等重要农产品的有效供给方面，从新中国成立开始至今经历了长期努力，包括以粮食为代表的主要农产品已经实现了由长期短缺到总量基本平衡、丰年有余的转变，中国粮食产量由 1949 年的 11 320 万吨增加到 2021 年的 68 285 万吨，而中国粮食主产区则是全国粮食生产的发动机，对于保障中国粮食安全占据举足轻重的地位。目前中国产粮食最多的地方就是东北三省，东北三省是最大的粮仓，其粮食总产量高达 14 445.6 万吨，占中国粮食总产量的 21.16%，对保障中国粮食安全起到重要作用。此外，山东省、河南省处于黄河冲积平原之上，依靠沃野千里及科学技术进步，粮食生产不再深受黄河泛滥的影响，粮食产量稳步提升，也成为中国重要的主产区，粮食产量之和达到 12 044.9 万吨，占全国粮食总产量的 17.64%。也就是说东北三省和鲁豫两个地区的粮食产量能够占到全国粮食产量的近四成，因此为端牢中国饭碗，提高我国粮食生产的综合效率，关键在于提高粮食主产区的综合生产能力。粮食生产要以供给侧结构性改革为主线，优化存量资源配置，优化粮食生产投入要素组合，在实行最严格的耕地保护制度的前提下保证粮食播种面积，深化落实保障农民种粮得利的各项举措，优化财政补贴机制，提高粮食主产区农民种粮积极性。努力提高农业技术转化效率，加强农业技术、良种等推广，通过藏粮于技的方式提高粮食单位面积产量，以期实现中国粮食主产区粮食生产增产提质的目标。同时，优质耕地是优质粮食产出的基础，因此还要加强对高标准农田的建设，建立高标准农田国家财政补贴机制，增加农民收入的同时减轻粮食主产区的财政负担；加大对产粮大县的奖励力度，完善产粮大县的资金奖励制度，保障农户的种粮收益；探索建立粮食主销区对主产区的补偿机制，引导主销区企业参与主产区粮食生产基地、仓储设施等方面的建设。此外，加大对粮食主产区科技强农、机械强农及产业扶持力度，加大对粮食主产区水稻育秧中心、粮食烘干中心、农业社会化服务中心等项目建设支持力度。总之，为实现把中国的饭碗牢牢端在自己手中，中国粮食主产区高产稳产是关键，粮食主产区农民种粮得利又是保障主产区粮食生产的关键。

4 中国粮食主产区粮食生产技术效率及影响因素实证分析

4.1 变量选取及说明

4.1.1 投入产出变量的选取

产出变量：本章主要研究粮食主产区的生产技术效率问题，排除气候、环境等造成的粮食产量较低的问题，考虑中国粮食主产区对于中国粮食的重要影响，本研究选取了全国 13 个粮食主产区作为研究对象。并在考虑数据可获得性的基础上，排除新中国成立初期一些历史原因造成的粮食生产的剧烈波动，从 2004 年开始的工业反哺农业、城市支持农村的总体趋向，一系列强农惠农政策于 2004 年出台，同时规避货币价值变动的影响，本研究选用中国粮食主产区的粮食产量作为产出指标。本研究选取 2004—2021 年粮食产量而非粮食产值作为产出数据，不包含农副产品。

投入变量：随着社会经济的不断发展，相关的生产理论内容也随之丰富，但生产函数模型中劳动力、资本、土地自始至终都是生产投入要素中最基本的要素。粮食生产的要素投入也主要有土地、劳动力、资本三大要素，本研究基于柯布—道格拉斯生产函数，结合中国粮食主产区粮食生产现状及数据的可获得性，细化投入变量选取粮食播种面积、劳动力数量、机械总动力和化肥施用量折纯作为中国粮食主产区粮食生产的投入指标值。以此构建随机前沿生产函数模型测算中国粮食主产区的粮食生产技术效率，对中国粮食主产区粮食生产过程投入产出要素的综合产出效率进行评价。

4.1.2 影响因素的选取

农业最根本的特征是自然再生产和经济再生产的有机结合，因此农业生产发展依赖自然资源并受自然环境的影响，承担较大的自然风险；同时，农业生产还受到社会经济因素的影响，承担着自然和市场的双重风险。粮食生产活动作为一种农业生产活动，其生产过程受到自然因素和社会经济因素双重因素的影响。在粮食生产过程中，我国粮食主产区有诸多可控及不可控因素影响粮食生产技术效率。

自然因素：随着农业科技的发展，农民似乎摆脱了"靠天吃饭"的命运，但是粮食生产仍然受到自然规律的制约，粮食作物的生长发育需要以自然条件为基础，一定的光、热、水和气候条件是其生长的必要条件，"风调雨顺"是粮食丰产的重要因素，也就是说，气候仍然是造成粮食生产波动的重要因素，由于气候异常所造成的旱涝灾害对粮食作物的生长和粮食产量都有着巨大影响，自然灾害的发生对于粮食生产的影响是多方面的，不仅仅会对粮食作物的生长产生直接的影响，还会对粮食产品产生间接影响。一方面，农业自然灾害对耕地资源会产生毁坏，尤其是洪涝灾害对耕地的冲毁造成耕地水土流失、肥力下降，将直接影响耕地粮食的产出能力；另一方面，农业自然灾害会对农田水利基础设施产生影响，虽然农田水利设施能够一定程度上增强人类抵御自然灾害的能力，降低旱涝灾害对粮食生产的影响，但自然灾害的发生对于农田水利设施本身就是一种伤害，自然灾害对年久失修的农田水利设施的破坏更加明显，进而对粮食生产产生影响。此外，农业自然灾害的发生直接减少农民的收入，甚至出现因灾返贫的现象，而农民作为粮食生产投入的直接主体，对于粮食生产投资能力减弱，自然灾害的发生给粮食生产带来了风险，挫伤农民从事粮食生产的积极性，部分农民选择外出打工代替种粮实现营收，甚至出现弃耕荒田现象，农机具使用效率不高，多方面影响粮食生产要素投入水平，进而影响粮食生产技术效率的提升。鉴于自然灾害对粮食生产的重要影响，本研究选择受灾比例指标用于衡量中国粮食主产区粮食作物受灾情况，用受灾面积占粮食播种面积的比例来表示，该比例越高，说明粮食作物受灾情况越严重，将该指标纳入效率损失函数，分析其对主产区粮食生产技术效率的影响程度。

土地要素是粮食生产最基本的刚性要素，是保障粮食安全的根基，粮食播种面积是粮食产量的基本保障，中国本就是人多地少的国家，后备耕地不足，优质耕地较少，随着城市化、工业化的推进，中国面临着耕地过度占用、耕地污染、地力退化等问题，这些无疑会为中国粮食安全带来风险。因此党的二十大报告提出"牢牢守住十八亿亩耕地红线，逐步把永久基本农田全部建成高标准农田"，粮食主产区更应率先垂范，深入落实藏粮于地、藏粮于技，保障粮食播种面积。与此同时，劳动力是粮食生产的又一重要投入要素，当前粮食生产面临劳动力成本上升、人口老龄化、劳动力素质有待提升、劳动力流失等诸多难题，随着农业技术的推广及农业机械的普及，粮食生产过程中极大减轻了农民的劳动强度，粮食生产效率得到了大幅度提升，鉴于粮食播种面积和劳动力生产效率对粮食生产技术效率的影响，本研究选择劳均播种面积指标衡量土地经营规模、劳动力等因素对粮食生产效率的影响程度，探究其是不是造成粮食主产区粮食生产效率损失的因素。

社会经济因素：粮食生产作为一种社会性生产活动，除了受到自然环境的强大影响外，粮食生产的技术效率一定会受到社会经济环境的影响。本研究从农村经济发展水平、农村科技进步水平及国家政策影响三方面进行指标的选取。

农村经济发展水平：农村经济的发展首先有利于改善农民的生活条件，提高农民收入，农民具有双重主体身份，不仅是粮食生产的经营主体，更是粮食生产的投资主体，农民收入情况一定程度上代表农村经济发展水平，同时可以衡量农民对粮食生产的投资能力，从而影响粮食的生产效率。此外，农村经济发展有利于改善农村基础设施条件，并在提升教育水平和提高劳动力素质方面发挥重要作用，进一步影响粮食生产技术效率的提升。故选取农村居民人均可支配收入指标作为三级指标来衡量其对粮食生产技术效率的影响。其次，农村经济的发展可以改善农村经济结构，对农村劳动力等各项资源进行重新分配，乡村城镇化也可以侧面反映农村经济发展水平，城镇化对粮食生产的直接影响首先表现在耕地面积占用上，不仅仅体现在耕地数量的减少，更值得注意的是高质量耕地被占用对粮食实现高产稳产是一项阻碍；另外，城镇化过程中大量农民流入城市，农村劳动力数量减少且老年人较多，即便是留在农村的劳动力也更倾向于从事非农产业，但是我们还需要看到的是城镇化也推动了农业的转型升级，重新配置农村各项资源，为粮食生产规模化提供了可能，更有利于推动农村经济的发展从而促进农业生产的发展。鉴于城镇化进程会对耕地面积、耕地流转、农民兼业化、农民收入、农村经济、产业结构等带来一系列影响，故选取中国粮食主产省份的城镇化率指标衡量城镇化给粮食生产效率带来的影响。最后，农村基础设施建设是农业经济发展水平的重要体现，农村经济的发展能够促进农田水利设施、农村道路等农村设施的完善和升级，反过来，对农村基础设施的投资对促进农村经济发展有乘数效应。农村基础设施特别是农业生产性基础设施对粮食生产的高产稳产起到保障作用。通过对中国粮食主产区生产现状的分析可知，水资源严重短缺是我国经济社会面临的重大问题。水是农业发展的命脉，是粮食作物生长的基础性资源，如果不能保证农作物的有效灌溉，增加粮食产量、提高粮食生产技术效率更是无从谈起。同时，旱涝灾害是影响中国粮食生产的主要灾害，为了改变"靠天吃饭"的状态就必须不断完善农田水利设施等基础设施建设。农田水利设施的完善程度直接影响粮食作物的有效灌溉率，因此选取有效灌溉率指标衡量基础设施中灌溉对粮食生产效率的影响。

农村科技进步水平：随着农业技术的发展，农用机械极大地解放了束缚在土地上进行精耕细作的劳动力，是应对农村劳动力流失的重要途径，农业机械在降低劳动强度的同时使农业生产效率显著提高，农业机械化耕作使播种方式、施肥方式等经营管理方式更加科学合理，促进农业科技成果的转化，因此，农业机械化的实现，对粮食生产发展具有重要意义。但对于粮食生产技术效率而言，并非越高的机械使用率越好，农业机械使用量在一定合理范围内能够有效提高粮食生产技术效率，为实现粮食规模化生产创造可能，过多的农业机械利用反而会造成机械冗余浪费，并对自然生态环境产生负面影响，从而影响粮食生产技术效率的提高。鉴于农业机械应用对粮食生产的重要作用，本研究选取劳均机械使用量衡量该地区粮食生产机械化程度，探究各粮食主产区机械化普及程度对粮食生产技术效率的影响。化肥施用是否合理也是农业科技应用的具体体现，化肥施用是否合理直接关系着粮食产量和质量、土地肥力及粮食生产环境污染问题。合理的化肥施用量能助力粮食作物生长从而提高粮食产量，据联合国粮农组织统计，化肥的合理施用能够使作物增产 40%～60%，极大地提高粮食生产效率，保障国家粮食数量安全；化肥的合理施用会对粮食质量产生影响，增强粮食作物抗病性，补充土壤肥力，有效改善粮食作物品质。但化肥的负面作用也不容忽视，例如，化肥的过量施用造成的土壤酸化和板结会使土地肥力下降进而影响粮食产量，化肥中的有害物质造成的土壤污染会影响粮食质量，也就是说如果化肥施用量超过一定范围，不仅不会带来粮食的增产增效，还会使耕地不堪重负，直接影响粮食数量和质量安全。2021 年中国化肥施用量为 5 191 万吨，实现连续 6 年下降，但中国仍然是世界第一化肥消费大国，化肥施用的减量增效是粮食生产的目标之一。鉴于化肥对粮食生产的双面影响，本研究选取平均化肥施用量即单位面积化肥施用量指标，纳入效率损失函数，探究化肥施用量是不是造成中国粮食主产区粮食生产效率损失的原因。此外，农民是农业生产经营的主体，种粮农民的素质水平直接关系粮食种植技术水平从而影响着粮食生产的技术效率，加快培育有文化懂经营的高素质农民的迫切任务也反映了农民素质对粮食生产和粮食安全的重要保障作用。农民素质是否能够适应农业科学技术快速发展的需求、农民是否能够运用科学的方法种植经营对粮食生产效率的提高有着至关重要的作用，提高农民的科学素质和文化水平是提高粮食生产效率和粮食产品质量的有效途径，故本研究选取人均受教育年限指标衡量农民文化素质水平对粮食生产技术效率的影响。

国家政策影响：粮食作为关乎民生的重要农产品，单纯依靠市场调节不能保障粮食安全，政府财政支农政策中的耕地保护补偿激励农民强化耕地保护，财政拨付资金推广农业科技促进农业科技成果的转化，提高粮食生产效率；财政落实稳定种粮补贴保障农民种粮合理收益，能够有效提高农民种粮积极性，改善种粮基础设施，防范种粮自然风险，做好生产救灾及灾后恢复工作，保障粮食稳产增产。国家财政支持对增加农民收入、保障粮食供应及中国粮食安全发挥了至关重要的作用，但财政支农力度过大，如西方工业化国家为保证农业产品对外贸易的优越性而对农业实行超高补贴政策，极大刺激农民生产积极性以保障农产品供应的同时造成农产品过剩、农业生态系统超负荷，有可能会抑制市场在粮食生产中的资源配置作用，影响粮食价格形成机制，从而一定程度上又阻碍粮食生产发展。鉴于财政支农力度对粮食生产的重要作用，本研究选取中国粮食主产区的财政支农占比来衡量国家政策对粮食生产技术效率的影响程度。

生产投入要素及影响因素的选取情况如表 4-1 所示。

表 4-1　中国粮食主产区粮食生产投入要素与影响因素选取情况统计

模型（要素）	一级指标	二级指标	单位	数据来源
生产函数模型（投入要素）	土地	粮食播种面积	万公顷	《中国农村统计年鉴》
	劳动力	粮食生产从业人员	万人	各省份经济统计年鉴
	资金	粮食生产机械使用量	万千瓦	《中国农村统计年鉴》
		粮食生产化肥施用量	万吨	《中国农村统计年鉴》
效率损失模型（影响因素）	自然因素	劳均播种面积	万公顷/万人	《中国农村统计年鉴》
		受灾比例	%	《中国农村统计年鉴》
	农村经济发展水平	农村居民家庭人均收入	元	《中国农村统计年鉴》及各省份经济统计年鉴
		城镇化率	%	《中国统计年鉴》
	农村科技进步水平	劳均机械使用量	万千瓦/万人	《中国农村统计年鉴》
		平均化肥施用量	万吨/万公顷	《中国农村统计年鉴》
		人均受教育年限	年	《中国人口和就业统计年鉴》及各省份经济统计年鉴
		有效灌溉率	%	《中国农村统计年鉴》
	国家政策	财政支农占比	%	《中国统计年鉴》

4.2　模型的选择与构建

目前使用最多的生产技术效率测度方法有两种，分别是非参数方法和参数方法。其中非参数方法常采用数据包络分析法，该方法的优势在于数值计算比较简便，不需事先设定投入产出要素特定的生产函数，其适用于解决多投入多产出的生产效率问题。但是数据包络分析方法也存在一定缺陷，例如，由于 DEA 方法在包络观测对象各期前沿面时只考虑当期观测值，造成其生产边界的构造受到产出指标的随机波动异常值的影响，出现技术变化测算结果小于 1 时技术效率被动提高的假象。目前比较常用的评价技术效率的方法是 DEA 方法与 Malmquist 指数方法结合使用，通过距离测度函数将生产效率划分为规模效率和技术效率等多个方面，国内众多学者将 DEA 与 Malmquist 指数相结合的方法应用到粮食生产效率的测度与评价中，同时也有越来越多的学者使用 DEA 结合 Tobit 模型在测度粮食生产效率的同时分析影响粮食生产效率的主要因素。测算生产的技术效率的另一种常用方法是随机前沿分析方法（SFA），它是由 Aigner 等和 Meeusen 等几位经济学家在 1997 年几乎同时分别撰文提出的一种研究技术效率的参数方法。SFA 是在设定生产函数形式的前提下，测算生产的技术效率和配置效率，并引入随机变量来代表统计误差对生产效率的影响，综合考虑到了生产函数系统之外的因素对于产出带来的影响，并将这种影响与技术效率分离，因此可以解释确定性和随机性因素对产出变化的不同影响程度，相较于 DEA 方法，SFA 方法在定量统计上存在优势。同时，SFA 更适用于解决多投入单产出的生产效率问题，此外，SFA 的另一主要特点是可以在生产函数估计之后进一步对技术效率损失进行分析，即该模型可以先测算出技术效率并分析技术非效率项，不需结合指数函数模型即可探究造成技术效率损失的因素有哪些。其中应用最为广泛的模型有两种方法——Battese 和 Coelli（1992）及 Battese 和 Coelli（1995），Battese 和 Coelli（1995）是在 Battese 和 Coelli（1992）的基础上进行改进所得，其理论模型的基本形式为

$$Y_{it} = \beta X_{it} + (V_{it} - U_{it}) \quad i=1, \cdots, N; t=1, \cdots, T$$

$$(4-1)$$

其设定的技术效率损失函数为

$$U_{it} = Z_{it}\delta + \varepsilon_{it} \qquad (4-2)$$

$$m_{it} = Z_{it}\delta \qquad (4-3)$$

根据 Battese 和 Coelli 提出的基本概念界定，有

$$\gamma = \sigma_u^2 / (\sigma_u^2 + \sigma_v^2) \tag{4-4}$$

在公式（4-1）中，β 为待估参数，分别代表投入要素的产出弹性，V_{it}、U_{it} 分别代表随机误差项、技术非效率项。公式（4-2）中，Z_{it} 代表影响生产单元效率的外生变量，待估参数 δ 代表变量对技术效率的影响程度。在公式（4-4）中，γ 代表在复合扰动项中，技术非效率造成技术效率损失的比例。γ 也是检验模型是否合理的标准，取值在（0，1），当 γ 趋近于 0 时，决策单元的实际产出与理想产出差距主要源于随机统计误差，此时 SFA 不适合用于分析此决策单元，采用普通最小二乘法进行分析即可。当 γ 越趋近于 1，技术非效率项与随机误差项相比，其在随机扰动项中的占比越高。这说明决策单元的技术非效率是引起生产单元的实际产出与理想产出差距的主要原因，而非由随机统计误差引起。同时也证明模型设定合理，适合采用随机前沿分析法进行分析。

目前，随机前沿分析法用于测度技术效率的随机函数形式主要有生产模型和成本模型两种，本研究在 Battese 和 Coelli（1999）的基础上，选取 Cobb - Dougals 生产函数，构建如下随机前沿生产函数模型

$$\ln Y_{it} = \beta_0 + \beta_1 t + \beta_2 \ln M_{it} + \beta_3 \ln L_{it} + \beta_4 \ln K_{it} + \beta_5 \ln H_{it} + (V_{it} - U_{it})$$
$$\tag{4-5}$$

在公式（4-5）中，Y_{it}、M_{it}、L_{it}、K_{it}、H_{it} 分别代表 i 省第 t 年的粮食产量、粮食播种面积、粮食生产从业人员、粮食生产农业机械总动力、粮食生产化肥施用量折纯，其中 $t = 1 \sim T$，$i = 1 \sim N$。系数 β_0 代表截距项，$\beta_1 \sim \beta_5$ 为待估参数，分别代表前沿技术进步率、播种面积产出弹性、劳动产出弹性、机械产出弹性、化肥产出弹性。$V_{it} - U_{it}$ 则代表复合扰动项，其中 V_{it} 代表 i 省第 t 年随机误差项，服从标准正态分布，反映随机不可控因素造成的系统非效率。U_{it} 代表 i 省第 t 年的技术损失误差项，服从截断正态分布，反映技术非效率水平。V_{it} 与 U_{it} 相互独立。

根据随机前沿生产函数模型测算出中国粮食主产区的实际技术效率，然后根据公式（4-2）、公式（4-3）粮食生产技术效率损失函数可以表示为

$$U_{it} = \delta_0 + \sum \delta_m Z_{it} + \varepsilon_{it} \tag{4-6}$$

据此构建中国粮食主产区粮食生产技术效率损失函数，即

$$U_{it} = \delta_0 + \delta_1(\text{LJMJ}) + \delta_2(\text{LJJX}) + \delta_3(\text{PJHF}) + \delta_4(\text{YXGG}) +$$
$$\delta_5(\text{PGDP}) + \delta_6(\text{SZ}) + \delta_7(\text{EDU}) + \delta_8(\text{CZZN}) + \delta_9(\text{CZH}) + \varepsilon_{it}$$

$$(4-7)$$

在公式（4-6）中，δ 为待估参数，衡量造成效率损失的外生变量 Z_{it} 对整体粮食生产技术效率的影响程度。$\delta > 0$ 表示外生变量是造成效率损失的原因，对粮食生产技术效率有负向作用；反之，$\delta < 0$ 代表外生变量对粮食生产技术效率有正向的促进作用。ε_{it} 代表随机变量，并服从极值分布。公式（4-7）中，LJMJ 代表粮食主产区劳均粮食播种面积，LJJX 代表粮食生产劳均机械总动力，PJHF 代表粮食主产区粮食生产平均化肥施用量，YXGG 代表有效灌溉率，PGDP 代表粮食主产区农村居民家庭人均收入，SZ 代表粮食主产区的受灾比例，EDU 代表农村平均受教育年限，CZZN 代表粮食主产区财政支农占比，CZH 代表各粮食主产省份财政支农占比情况。

4.3 数据来源及处理

4.3.1 投入产出数据来源及处理

2003 年国家财政部明确划定 13 个粮食主产区的地理范围，2004 年中央提出"两个趋向"重要论断，进入工业反哺农业、城市支持农村，以工促农、以城带乡发展阶段，一系列强农惠农政策陆续实施，对于粮食生产的各项补贴政策开始陆续在各省份实施，中国粮食总产量也在 2004 年扭转了多年下滑态势出现增长，同年，黑龙江省和吉林省开始免征农业税试点，其他 11 个粮食主产区降低农业税税率 3 个百分点，2006 年农业税退出历史舞台，农业发展迎来新的机遇。经历近 20 年卓绝的努力，中国粮食生产经历了诸多改变，为探究未来粮食产能提升努力的方向，本研究选取 2004—2021 年共 18 年的粮食生产面板数据对中国粮食主产区 13 个省份的粮食生产技术效率进行实证考察（$T=18$，$N=13$）。根据生产理论结合柯布—道格拉斯生产函数，从土地、资金、劳动力角度综合考虑多方面因素影响，选取粮食产量作为衡量主产区粮食产出水平的指标值，选取

粮食播种面积、劳动力数量、机械总动力和化肥施用量折纯作为中国粮食主产区粮食生产的投入指标值，以此构建随机前沿生产函数模型，科学评价中国粮食主产区粮食生产技术效率。需要特别说明的是，在现有《中国农村统计年鉴》《中国统计年鉴》等统计数据中，仅统计农林牧渔从业人员数量、农业总体化肥施用量折纯和农用机械总动力，这对于粮食生产投入而言总体范围偏大。为了提高数据的准确性，缩小统计误差对模型的影响，事先对部分范围过大的数据进行处理，分别用以下两个权数 A、B 对范围过大的数据进行处理，计算公式参考马文杰（2008），其中

$$A＝农业总产值/农林牧渔业总产值$$
$$B＝粮食播种面积/农作物播种面积$$
$$粮食生产从业人员＝农林牧渔从业人员×A×B$$
$$粮食生产用机械总动力＝农用总动力×B$$
$$粮食生产用化肥施用量折纯＝化肥施用量折纯×B$$

本研究所用数据主要来源于统计数据，其中粮食主产区的投入产出数据主要来源于 2005—2022 年的《中国农村统计年鉴》《中国统计年鉴》及各粮食主产省份的经济统计年鉴。

4.3.2　影响因素数据来源及处理

综合考虑影响粮食生产技术效率的因素，本研究从自然因素、农村经济发展水平、农村科技进步水平、国家政策等 4 个一级指标中选取有代表的 9 个二级指标作为影响因素指标，劳均播种面积、劳均机械使用量、平均化肥施用量、有效灌溉率、农村家庭居民人均收入、受灾比例、财政支农力度、城镇化率、人均受教育年限的原始数据来源于 2005—2022 年《中国农村统计年鉴》《中国统计年鉴》，各省份经济统计年鉴，以及《中国人口和就业统计年鉴》《中国农业年鉴》等。因各种统计数据中没有对本研究选取影响因素的直接统计，因此对各影响因素做以下处理计算

$$劳均播种面积＝粮食播种面积/粮食生产从业人员$$
$$劳均机械使用量＝粮食生产用机械总动力/粮食生产从业人员$$
$$平均化肥施用量＝粮食生产用化肥折纯/粮食播种面积$$

有效灌溉率＝有效灌溉面积/农作物播种面积

财政支农占比＝农林水支出/财政支出总额

受灾比例＝粮食受灾面积/农作物播种面积

城镇化率＝城镇人口/总人口

6 岁及以上人口平均受教育年限 ＝（小学×6＋初中×9＋

高中×12＋中职×12＋大专×15＋本科×16＋

研究生×19）÷6 岁及以上人口总数

其中因各统计数据中没有单独统计粮食受灾面积及粮食灌溉面积，所以假定自然灾害及灌溉情况均匀地分布于粮食生产的各种作物中，用农作物受灾比例和有效灌溉率表示粮食种植受灾率及有效灌溉率。此外，考虑到财政支农力度对粮食生产影响的滞后性，此处采用滞后值一期进行处理。本研究将统计数据中农村居民文化程度的不识字或识字较少、小学、初中、高中及中专、大专文化程度及以上 5 个等级，分别按照 0 年、6 年、9 年、12 年、16 年进行折算。同样，受教育水平转为生产力也需要一定的时间，因此人均受教育年限数据也采用滞后值进行处理。

4.4 模型估计结果与分析

4.4.1 投入产出变量及影响因素变量描述性统计

本研究首先对 2004—2021 年中国粮食主产区粮食生产投入产出变量及影响主产区粮食生产技术效率的因素进行描述性分析，相关结果如表 4-2、表 4-3 所示，相关原始数据见附表。

4.4.2 生产函数模型估计及参数检验

根据《中国农村统计年鉴》《中国统计年鉴》及中国粮食主产区各省份的经济统计年鉴等官方数据所整理的面板数据并经过计算处理后得到中国粮食主产区粮食生产投入产出指标数据和粮食生产技术效率影响因素指标相关数据（附表 6、附表 7），运用随机前沿分析软件 Frontier 4.1 对建立的随机前沿生产函数模型及效率损失模型进行估计，生产函数模型估计结果及参数检验结果见表 4-4，从表 4-4 中可以得出以下结论。

表 4 - 2 2004—2021 年中国粮食主产区粮食生产投入产出变量描述统计

变量	N	范围	最小值	最大值	合计	均值	标准误	标准差	方差
粮食产量	234	6 551.80	1 315.90	7 867.70	799 645.40	3 417.29	86.00	1 315.48	1 730 497.60
粮食播种面积	234	11 644.60	2 906.70	14 551.30	1 450 658.30	6 199.39	159.73	2 443.44	5 970 386.96
从事粮食生产劳动力	234	5 126.86	69.57	5 196.43	103 596.35	442.72	25.66	392.58	154 115.66
从事粮食生产机械	234	8 157.93	914.94	9 072.87	872 647.01	3 729.26	141.10	2 158.43	4 658 804.85
粮食生产化肥施用量	234	451.36	72.23	523.58	47 395.91	202.55	6.20	94.90	9 006.65
有效个案数（成列）	234								

表 4 - 3 2004—2021 年中国粮食主产区粮食生产技术效率影响因素变量描述统计

变量	N	范围	最小值	最大值	合计	均值	标准误	标准差	方差
劳均播种面积	234	96.11	1.59	97.70	4 127.84	17.64	0.64	9.78	95.64
劳均机械使用量	234	85.42	1.60	87.02	2 308.53	9.87	0.43	6.64	44.07
平均化肥施用量	234	351.01	145.42	496.43	77 286.25	330.28	5.68	86.94	7 557.98
有效灌溉率	234	0.60	0.20	0.80	128.48	0.55	0.01	0.13	0.02
农村居民可支配收入	234	24 291.50	2 499.30	26 790.80	2 235 698.38	9 554.27	340.95	5 215.50	27 201 390.57
受灾比例	234	1.02	0.01	1.03	62.79	0.27	0.01	0.19	0.04
平均受教育年限	234	4.07	6.84	10.91	2 051.40	8.77	0.05	0.70	0.48
财政支农占比	234	0.14	0.05	0.19	24.30	0.10	0.00	0.03	0.00
城镇化率	234	73.65	0.29	73.94	4 026.77	17.21	1.78	27.18	738.65
有效个案数（成列）	234								

表 4 - 4　2004—2021 年中国粮食主产区随机前沿生产函数估计结果

项目	估计值	标准差	t 检验值
β_0	2.158 8	0.406 9	5.305 6
β_1	−0.002 1	0.004 5	−0.466 5
β_2	0.933 7***	0.111 4	8.382 3
β_3	−0.223 0***	0.026 4	−8.435 5
β_4	0.218 5***	0.045 5	4.806 0
β_5	−0.050 2	0.072 3	−0.694 9
σ^2	0.015 3***	0.002 6	5.856 6
γ	0.975 3***	0.048 5	20.106 1
log likelihood function	180.061 2		
LR test of the one - sided error	114.204 5		

注：*** 表示在 1% 的显著水平下通过假设检验。

技术非效率项检验。表 4 - 4 估计结果显示，变差率 γ 值为 0.975 3 且在 1% 的显著性水平下通过了检验，这表明中国粮食主产区的技术非效率在粮食生产函数方程复合扰动项中占比较大，换言之，中国粮食主产区粮食生产的实际产出与理想产出的差距有 97.53% 是由技术非效率造成的，只有 2.47% 是由随机统计误差造成的，这一结果也直接证明了本研究采用随机前沿分析方法考察中国粮食主产区粮食生产技术效率的科学性和合理性。此外，LR 值大于对应卡方分布 0.5 显著水平下的检验标准值，说明本研究针对中国粮食主产区粮食生产技术效率的评价与分析而设定的生产函数模型具备足够的解释力度。

投入要素分析。在表 4 - 4 估计结果中，总体来看粮食生产用机械投入量和粮食播种面积的增加会对粮食产量的增加起到显著的积极作用，而粮食生产从业人员与化肥投入量系数为负，也就是说，粮食生产从业人员即生产粮食过程中劳动力数量投入的增加，以及化肥投入量的增加对粮食产量的增加并不会起到积极的正向作用。具体来看：第一，粮食播种面积的产出弹性系数（β_2）为 0.933 7，且在 1% 的水平下显著，这意味着中国粮食主产区在2004—2021年这18年粮食播种面积每增加1%，中国粮食主产区的粮食总产量就会增加0.9337%。粮食播种面积是粮食生产的重要基础，没有播种面积的保障则粮食实现稳产高产无从谈起，2004—2021年中国粮食主产区粮食播种面积从7 038.76万公顷扩大到8 856.85万公顷，中国粮食总产量屡创新高，粮食播种面积的增加提供了有力的支撑，但近几年粮食播种面积增加空间十分有限，说明中国粮食实现增产高产不能完全依赖粮食播种面积的扩大。第二，粮食生产用机械总动力的产出弹性系数（β_4）为0.218 5，并在1%的显著性水平下通过了检验，说明粮食生产用机械总动力投入每增加1%，粮食主产区的粮食总产量就会增加0.218 5%。粮食生产过程中推动农业机械化对提升粮食生产能力具有积极作用，在粮食生产的各个环节使用农用机械能够极大地提高粮食单位面积产量，使粮食生产的各个环节更加精准、科学、高效，从而通过提高粮食产出效率的途径增加粮食总产量。此外，粮食生产过程中使用农用机械还有一个最为显著的效果就是促进粮食劳动生产效率的提高，使用农用机械取代农民的体力劳动，不仅解放了农村劳动力，还使得适度规模化生产经营成为可能。第三，粮食生产从业人员的产出弹性（β_3）和化肥投入的产出弹性（β_5）分别为−0.223 0、−0.050 2，粮食生产从业人员的产出弹性系数在1%的显著水平下通过假设检验，但粮食生产用化肥施用的系数在统计检验下不显著。这表明中国粮食主产区粮食生产投入的劳动力数量、化肥施用量与粮食产量均呈现负相关。这表明随着科学技术的发展，中国粮食主产区粮食产量的增加不再单纯地依赖劳动力投入和化肥投入的增加来实现。甚至粮食主产区在生产粮食过程中可能存在劳动力投入和化肥投入冗余现象，这阻碍了其粮食生产技术效率的提高，尤其是劳动力投入的冗余现象更加明显。这说明传统的依靠大量劳动力精耕细作的生产方式已经成为中国粮食主产区提高粮食生产技术效率的阻碍。虽然中国粮食产量实现连年增长化肥功不可没，但盲目过量施用化肥给粮食生产带来的问题也日益凸显，对于农业生态环境的负面影响会最终反映到粮食产量上，模型估计结果表明，中国粮食主产区粮食生产过程中持续增加化肥施用会阻碍粮食生产技术效率的提高，因此中国粮食主产区粮食生产用化肥减量增效是关键。

技术进步分析。本研究在生产函数模型中加入了时间统计变量，用来衡量中国粮食主产区粮食生产随时间变化技术进步程度。表 4-4 结果显示，中国粮食主产区粮食生产平均技术进步（β_1）为 -0.002 1，但统计并未通过显著性检验，这表明 2004—2021 年中国粮食主产区粮食生产总体上不存在技术进步，甚至有出现技术恶化的趋势，农业技术进步存在障碍。其原因可能为以下几点：首先，河南省、安徽省、四川省等粮食主产省份存在较多的劳动力过剩情况，加上四川省、湖南省等以丘陵、山地地形为主的粮食主产省份不适合发展大型机械化的现实，因此部分粮食主产省份劳动力过剩的情况使农民没有意愿使用小机械代替劳动投入，造成粮食生产技术进步并不明显。其次，国家对农业生物化学技术研发高度重视，财政对良种研发、农药化肥研制等农业生物化学技术研发支持力度比对农业机械技术支持力度大，造成农用机械技术的发展相对较为滞后。生产函数估计结果中劳动力产出弹性和化肥施用量产出弹性为负数，表明中国粮食主产区在粮食生产过程中劳动力投入冗余现象，化肥投入也存在过量趋势，这一现实也侧面印证了此结论。总之，粮食生产过程中劳动力数量充足但伴随老龄化趋势，农民的文化水平及现代生产技术知识有限也给农民接受新技术造成了一定阻碍，农业社会化服务落后等众多因素造成了技术进步不显著的结果。

4.4.3 主产区粮食生产技术效率分析

技术效率实质上反映的是在一定的技术水平下，生产决策单元在生产过程中对生产要素的利用程度。因此，技术效率在 [0，1] 取值，其值越接近于 1，意味着生产要素的利用效率越高；反之越接近于 0，则生产要素的利用程度越低。中国粮食主产区在粮食生产实践中，农业生产技术和种植技术经验随着时间的推移会得到不断积累与改进，并在不同地区之间发生技术扩散，客观上引起中国粮食主产区粮食生产技术效率的时间差异及各粮食主产省份的地域差异。表 4-5 统计了中国粮食主产区 2004—2021 年粮食生产技术效率的时空变化趋势。

表 4 - 5　2004—2021 年中国粮食主产区粮食生产技术效率测算结果

省份	2004 年	2005 年	2006 年	2007 年	2008 年	2009 年	2010 年	2011 年	2012 年	2013 年
河北省	0.644 1	0.655 9	0.665 6	0.693 9	0.715 4	0.702 9	0.722 4	0.760 2	0.780 6	0.786 3
内蒙古自治区	0.606 4	0.651 4	0.639 9	0.612 5	0.670 0	0.602 8	0.657 6	0.709 7	0.747 4	0.785 8
辽宁省	0.900 1	0.860 3	0.825 1	0.864 9	0.914 8	0.756 8	0.845 3	0.942 9	0.950 1	0.957 8
吉林省	0.950 3	0.964 3	0.972 1	0.906 0	0.976 1	0.878 6	0.966 5	0.981 5	0.984 6	0.984 3
黑龙江省	0.727 3	0.731 7	0.735 9	0.657 5	0.780 4	0.743 7	0.857 4	0.920 2	0.924 2	0.920 4
江苏省	0.949 3	0.924 1	0.950 2	0.942 5	0.955 3	0.950 1	0.957 7	0.954 6	0.965 2	0.962 3
安徽省	0.799 3	0.719 7	0.773 5	0.768 9	0.789 5	0.783 1	0.787 3	0.793 5	0.834 2	0.797 3
江西省	0.860 1	0.847 8	0.844 6	0.838 8	0.822 8	0.829 9	0.788 1	0.812 7	0.829 5	0.921 8
山东省	0.871 0	0.895 3	0.736 9	0.907 6	0.938 3	0.916 5	0.912 5	0.917 8	0.928 7	0.911 6
河南省	0.878 0	0.897 2	0.942 7	0.950 9	0.957 4	0.942 3	0.953 5	0.950 0	0.957 9	0.947 2
湖北省	0.950 2	0.925 4	0.908 5	0.886 4	0.889 1	0.910 1	0.892 4	0.897 7	0.908 7	0.879 7
湖南省	0.949 3	0.936 1	0.935 9	0.946 8	0.943 6	0.957 1	0.944 2	0.950 5	0.965 1	0.472 1
四川省	0.954 7	0.952 0	0.855 7	0.891 7	0.930 0	0.938 5	0.936 4	0.943 0	0.951 9	0.934 4
均值	0.849 2	0.843 2	0.829 7	0.836 0	0.867 9	0.839 4	0.863 2	0.887 3	0.902 2	0.866 3

省份	2014 年	2015 年	2016 年	2017 年	2018 年	2019 年	2020 年	2021 年	均值
河北省	0.800 0	0.952 9	0.961 0	0.969 8	0.978 1	0.971 1	0.972 8	0.967 5	0.704 6
内蒙古自治区	0.792 8	0.789 5	0.877 2	0.909 3	0.892 3	0.910 8	0.912 8	0.912 5	0.655 3
辽宁省	0.807 5	0.796 0	0.797 3	0.820 8	0.881 5	0.902 2	0.879 5	0.911 4	0.873 4
吉林省	0.983 3	0.902 1	0.966 7	0.975 3	0.956 6	0.982 8	0.967 9	0.984 5	0.953 3
黑龙江省	0.962 7	0.982 9	0.985 0	0.986 8	0.964 8	0.978 7	0.968 6	0.982 9	0.786 5
江苏省	0.971 1	0.955 5	0.905 8	0.961 5	0.952 6	0.946 4	0.940 3	0.968 8	0.949 9
安徽省	0.865 1	0.970 7	0.969 6	0.971 7	0.976 2	0.981 0	0.982 5	0.984 0	0.783 2
江西省	0.954 6	0.879 0	0.836 6	0.931 1	0.914 1	0.917 8	0.868 3	0.910 4	0.830 5
山东省	0.939 4	0.952 8	0.945 2	0.947 7	0.937 0	0.917 5	0.895 4	0.916 6	0.891 7
河南省	0.956 3	0.941 2	0.969 5	0.969 9	0.965 7	0.965 8	0.991 6	0.981 2	0.936 7
湖北省	0.922 4	0.979 8	0.977 3	0.975 5	0.974 7	0.977 9	0.981 3	0.969 8	0.907 6
湖南省	0.959 5	0.928 7	0.885 8	0.951 4	0.954 9	0.936 9	0.916 4	0.939 7	0.947 6
四川省	0.975 8	0.962 3	0.952 9	0.960 7	0.964 1	0.959 8	0.931 4	0.950 7	0.928 2
均值	0.914 7	0.922 6	0.925 4	0.948 6	0.947 1	0.949 9	0.939 2	0.952 3	0.857 6

整体而言，2004—2021年中国粮食主产区的粮食生产平均技术效率为0.857 6，中国粮食主产区内地区间差异较大，粮食生产技术效率的平均数值从高到低可以划分为三个等级。图4-1的结果显示，中国粮食主产区中有近半数的省份粮食生产技术效率的平均值超过90%，其中吉林省（0.953 3）＞江苏省（0.949 9）＞湖南省（0.947 6）＞河南省（0.936 7）＞四川省（0.928 2）＞湖北省（0.907 6）；中国粮食主产区中粮食生产技术效率在80%～90%的省份中，山东省（0.891 7）＞辽宁省（0.873 4）＞江西省（0.830 5）；中国粮食主产区中粮食生产技术效率在80%以下并在中国粮食主产区的平均技术效率水平之下的省份中，黑龙江省（0.786 5）＞安徽省（0.783 2）＞河北省（0.704 6）＞内蒙古自治区（0.655 3）。13个粮食主产省份中有8个省份的粮食生产技术效率均值高于中国粮食主产区粮食生产技术效率平均水平，其中技术效率均值最高的为吉林省。只有江西省、黑龙江省、河北省、安徽省、内蒙古自治区5个省份的粮食生产技术效率平均值低于中国粮食主产区粮食生产技术效率的平均水平（0.857 6），其中内蒙古自治区的粮食生产技术效率均值在中国粮食主产区中最低。

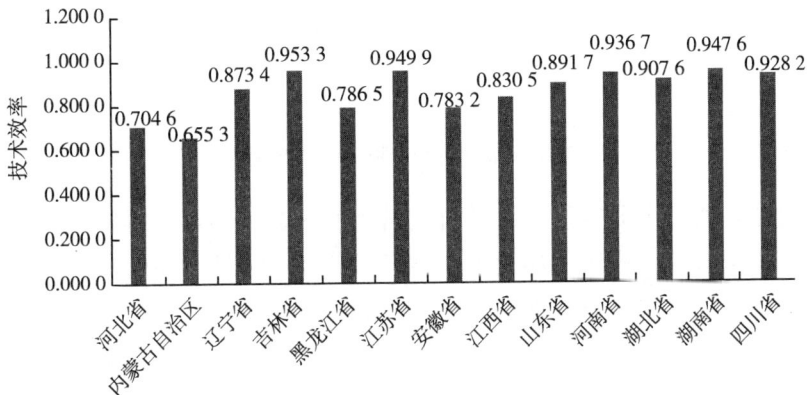

图4-1　2004—2021年各粮食主产省份粮食生产技术效率均值

从中国粮食主产区年度平均粮食生产技术效率的变化趋势来看（图4-2），2004—2021年中国粮食主产区粮食生产技术效率年度均值在80%～96%波动变化，粮食生产技术效率整体呈现波动中上升的趋势。通过图 4-2 可以看出，2004—2006 年粮食生产技术效率呈现下降趋势，直至 2007 年略有回升，2008 年粮食生产技术效率提升相对明显，但 2009 年又再次回到 2007 年的水平，2009—2019 年中国粮食主产区粮食生产技术效率除 2013 年出现明显下滑外，整体呈现快速提升态势，但近五年粮食生产技术效率提升空间有限，增速变得十分缓慢。其中，最低粮食生产技术效率年度均值为 2006 年的 0.829 7，最高粮食生产技术效率年度均值为 2021 年的 0.952 3。中国粮食主产区 2004—2021 年整体粮食生产平均技术效率为 0.857 6，意味着中国粮食主产区在粮食生产过程中，生产投入要素的使用效率并没有达到最优程度，实际产出水平未在随机前沿面上，距离最优产出存在 14.24% 的技术效率改进空间，也就是说，中国粮食主产区粮食生产过程中存在 14.24% 的技术效率损失。

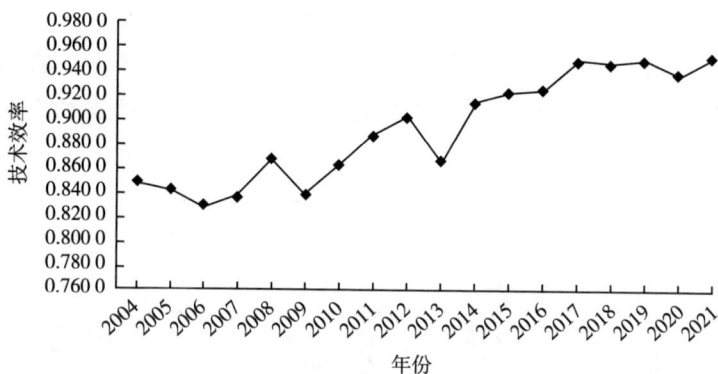

图 4-2　2004—2021 年中国粮食主产区粮食生产技术效率年度均值变化趋势

因此，通过本研究设定的随机前沿生产函数模型，可得出结论：整体而言，中国粮食主产区的粮食生产技术效率平均水平在 85.76%，没有达到粮食生产的最优产出状态，仍存在 14.24% 的提升空间。从时间序列上看，中国粮食主产区的粮食生产技术效率处于不断波动变化中，但粮食生产技术效率的年度均值整体变化幅度较小，变化范围在 80%～96%；此外，13 个粮食主产省份之间粮食生产技术效率均值存在较大地域差异，粮食生产技术效率最高的吉林省（0.953 3）与最低的内蒙古自治区（0.655 3）两者粮食生产技术效率相差 29.8%，粮食生产技术效率相差甚远，内蒙古自治区存在较大提升空间。由此可见，2004—2021 年中国粮食主产区粮食生产投入要素并没有得到充分利用。粮食播种面积和粮食生产用机械的投入给粮食主产区粮食增产提供了较强动力，而粮食生产的劳动力数量投入和化肥的投入存在冗余现象，没有为中国粮食主产区粮食增产起到突出的积极作用。因此，中国粮食主产区粮食稳产高产、增产提质不能够单纯依靠增加劳动力和化肥的投入，需要合理配置劳动力和化肥投入结构，提高劳动力和化肥的要素使用效率，使其以合理的供给结构投入粮食生产活动中，从而进一步提高中国粮食主产区的粮食生产技术效率。

4.4.4 粮食主产区粮食生产效率损失模型估计结果

根据随机前沿生产函数模型的实证结果，发现中国粮食主产区整体存在 14.24% 的技术非效率。根据本章 4.2 节中构建的效率损失模型，再结合选定的 9 个影响因素指标统计值，通过 Frontier 4.1 软件进行运算，估计结果如表 4-6 所示，在估计的 9 个指标变量中，有 8 个分别在 1%、5%、20% 的水平下通过了显著性检验，只有 1 个变量在对应假设检验下不显著。这说明该模型相对合理，适合用于分析中国粮食主产区的粮食生产技术效率损失的影响因素。

表 4-6 中国粮食主产区粮食生产技术效率损失函数估计结果

项目	估计值	标准差	t 检验值
δ_0	5.355 5	1.754 4	3.052 6
δ_1	−0.084 2*	0.095 9	−0.877 7
δ_2	0.341 3***	0.109 9	3.106 8
δ_3	−0.584 4***	0.203 8	−2.867 1
δ_4	−0.272 0**	0.111 0	2.449 9
δ_5	−0.019 7**	0.098 8	−1.998 5
δ_6	0.140 5***	0.032 5	4.319 8
δ_7	−0.829 3**	0.402 4	−2.060 7
δ_8	−0.083 1*	0.091 2	−0.910 8
δ_9	0.082 9	0.181 6	0.456 4

注：表中 ***、**、* 分别表示在 1%、5%、20% 的显著水平下通过对应的假设检验。

劳均播种面积（LJMJ）：估计结果显示劳均播种面积的系数值（δ_1）

为负数，并在 20% 的显著性水平下通过了检验，意味着 2004—2021 年这 18 年劳均播种面积的扩大，并不是造成中国粮食主产区粮食生产技术效率损失的原因，而对中国粮食主产区的粮食生产技术效率的提升有着正向影响。这说明通过扩大粮食播种面积即扩大粮食生产经营规模来提高粮食产量仍然是一条有效的途径。健全土地流转制度，推进粮食生产的适度规模化，培养种粮大户等新型经营主体，克服小规模种粮成本高、收益低的难题，保障农民种粮得利，对于提高中国粮食主产区粮食生产技术效率，增强国家粮食安全保障能力具有重要意义。但其系数较小且在 20% 显著水平下统计才显著，说明粮食播种面积对粮食技术效率提高的拉动作用的后劲不足，由于城市化进程、退耕还林生态保护需要等原因，我国土地资源的稀缺性日益凸显，加上中低产田较多，后备土地资源不足等问题，中国粮食主产区不可能通过大规模扩大粮食种植面积的途径来提高粮食生产技术效率、增加粮食产量。加强耕地保护各项政策落实，加强耕地用途管控，严格控制耕地非农化使用，建设高标准农田，开发利用盐碱地等后备土地资源对提高中国粮食主产区粮食生产技术效率具有重要意义。

劳均机械使用量（LJJX）：估计结果显示劳均机械使用量系数（δ_2）为 0.341 3，通过检验的显著水平为 1%，说明在 2004—2021 年中国粮食主产区农用机械的投入与粮食生产技术效率存在显著的负相关，也就是说劳均机械使用量是造成中国粮食主产区粮食生产技术效率损失的原因之一。通常情况下，农用机械应用到粮食生产过程中极大地解放了农村劳动力，代替了农村传统的依靠劳动力大量投入式的精耕细作的生产方式，提高劳动生产效率的同时使粮食生产各个环节的经营管理更加科学高效，很大程度上能够提升土地的产出效率，对增加粮食产量、提升粮食产能有重要意义。2004—2021 年农用机械不断大量投入，整体来看从事粮食生产的劳动力有减少的趋势，这就使劳均农用机械使用量不断增加，与此同时，统计发现 2004—2021 年这 18 年，在中国粮食主产区，粮食播种总面积增长了 25.82%，而粮食生产过程中使用的农用机械总动力增加了 93.97%，其增长速度远超粮食播种面积的增长幅度。除东北平原地区，中国粮食主产区的大多数地区人均耕地面积较小，南方多丘陵山地的省份无法实现大机械化作业，加上土地家庭承包经营制度发展至今使耕地细碎化问题成为农业机械化实现的阻碍因素，因此，在如此细碎的土地上实行大机械化作业是不太现实的。此外，农村劳动力文化程度与城镇居民文化程度相比较低，这也是阻碍农业机械技术推广的重要原因，粮食生产比较收益相对低，大量青壮年劳动力外流使得农村劳动力老龄化现象也是阻碍农业技术推广的重要因素，甚至在一些农村劳动力数量过剩的地区，使用农用机械代替劳动力的意愿并不强烈，造成农用机械闲置，使用效率不高。因此即使粮食主产区农业机械使用程度较高，劳均机械使用量的增加也不能够成为提高粮食生产技术效率的动力。以上理由造成2004—2021年劳均机械使用量冗余，粮食生产过程中农用机械使用的低效率使劳均机械使用量成为中国粮食主产区粮食生产技术效率损失的重要原因。

平均化肥施用量（PJHF）：表4－6估计结果显示平均化肥施用量的系数（δ_3）为－0.584 4，并在1%水平下通过检验，说明在2004—2021年平均化肥施用量的增加对中国粮食主产区粮食生产技术效率的提高有明显的促进作用，平均化肥施用量每增加1%，粮食生产技术效率提高0.584 4%。化肥的合理施用能够为粮食作物提供营养，提高土壤有机质含量，从而通过提高粮食单位面积产量的方式实现粮食总产量的增加，据联合国粮食及农业组织统计，化肥对农作物产量增加的贡献率为40%～60%。化肥也因其在粮食生产中的重要作用被定义为粮食的"粮食"。但结合生产函数模型估计结果发现，化肥施用量的产出弹性为负，但不显著。这说明2004—2021年，化肥投入虽然对粮食生产技术效率的提高做出了较大的贡献，但已经出现冗余趋势，继续增加化肥施用量不会增加粮食产量，过量的化肥投入也不会成为粮食增产提质动力。过量的化肥施用会带来一系列问题，例如，土壤板结等土壤形状恶化现象对粮食作物生长会产生非常不利影响，造成粮食产品质量下降，对农业生态环境也会造成一定影响。此外，传统的、大量的施肥方式，使农民种粮肥料成本上升，虽然换来了粮食产量的增加，但因产收比过大出现增产不增收的丰收悖论。化肥利用效率低下最终会降低中国粮食主产区粮食生产技术效率，因此，粮食生产过程中化肥的使用关键在于减量增效。

有效灌溉率（YXGG）：估计结果表明有效灌溉率的系数（δ_4）为
$-0.272\,0$，并在5%的水平下显著，说明有效灌溉率并非造成中国粮食
主产区粮食生产技术效率损失的原因，有效灌溉率与粮食生产技术效率
显著正相关，中国粮食主产区有效灌溉率每提高1%，粮食生产技术效
率提高0.272 0%。根据科技部发布的《2022全球生态环境遥感监测年
度报告》，中国是世界上灌溉耕地面积最大的国家之一，灌溉耕地面积
占耕地总面积的49.9%，灌溉耕地上的粮食产量占中国粮食总产量的
78.5%，由此可见，有效灌溉对于粮食稳产增产有重要意义。中国粮食
主产区中有7个省份位于资源性缺水的北方地区，中国淡水资源的时空分
布不均及受全球极端天气影响等原因，旱涝灾害成为威胁粮食生产最重要
的自然灾害。有效灌溉率是衡量农业灌溉工程的一个重要指标，水利设施
的完善能够有效增强粮食主产区应对自然灾害的能力，保障粮食作物的正
常生长，为粮食稳产高产提供有力支撑，特别是对于粮食主产区中水资源
严重匮乏的省份和遭遇旱灾影响的省份，强大的水利设施支撑是保障粮食
生产的关键，有效灌溉率的提高势必会提高粮食产量，并提高中国粮食主
产区的粮食生产技术效率。

农村居民人均可支配收入（PGDP）：表4-6结果显示农村居民人均
可支配收入的系数（δ_5）为$-0.019\,7$，在5%的水平下通过显著性检验，
说明农村居民人均可支配收入的增加与技术效率损失呈现负相关，换言
之，农村居民人均可支配收入的增加将有利于提高中国粮食主产区的粮食
生产技术效率，农村居民人均可支配收入平均每增加1%，则粮食生产技
术效率提高0.019 7%。虽然2004年至今国家逐渐减免农业税并推行一系
列强农惠农政策，同时在财政上给予农业很大支持，但粮食生产的直接投
入主体和生产经营主体仍然是农民，农民收入的增加有利于提高农民种粮
积极性和种粮投入能力。近年来，农村青壮年劳动力碍于种粮比较收益低
而选择外出务工提高收入，一定程度上影响了农民的种粮积极性。同时农
资价格、土地租金、劳动力成本等的提高增加了种粮成本，压缩了农民种
粮获利的空间，因此，粮食增产不一定会带来农民增收。种粮农民在粮食
生产过程中面临着自然和市场的双重风险，保障粮食安全必须保障农民种
粮得利，需要从粮食价格、粮食生产补贴、农业保险等多方面完善种粮支

持保护政策，提高农民种粮意愿，增加对粮食生产的投资能力，提高农民种粮的利润空间，进而影响粮食生产技术效率。

受灾比例（SZ）：结果显示受灾面积占比系数（δ_6）为正，通过统计检验的显著性水平为 1%，说明自然灾害是造成中国粮食主产区粮食生产效率损失的重要原因，其系数为 0.140 5，说明中国粮食主产区提高防灾抗灾能力，将受灾比例每降低 1%，粮食生产技术效率就会提高 0.140 5%。由表 3-5 可知，目前影响我国粮食主产区粮食生产最为严重的灾害是旱涝灾害及风雹灾害，且各类自然灾害在粮食主产区均有分布，分布区域广、种类多，农业是受自然环境影响最大的产业，随着农业科技的发展，虽然"靠天吃饭"的现象有所改观，但自然灾害对于农业特别是粮食生产的影响仍然不容小觑，自然灾害的发生给粮食生产带来巨大损失，降低粮食产量和农民收入。因此，提高抗灾能力防范自然灾害风险是中国粮食主产区保障粮食稳产高产的必要途径。加强灾害监测，为粮食生产建立灾害预警机制；优化种植结构，提升应对自然灾害的能力，完善农田水利设施，增强抗旱防洪能力，提高水资源利用效率；加大农业技术投入力度，培育抗灾抗病新品种等。多措并举提高粮食生产抗灾减灾能力，保障粮食高产稳产，提高粮食主产区的粮食生产技术效率。

平均受教育年限（EDU）：表 4-6 估计结果显示，平均受教育年限的系数（δ_7）为 -0.829 3，在 5% 的显著水平下通过检验，这说明中国粮食主产区的农民文化素质程度会对粮食生产技术效率产生显著正相关影响，农民平均受教育年限每提高 1%，主产区粮食生产技术效率就会提高 0.829 3%。换言之，中国粮食主产区农民平均受教育年限的增加可以减少粮食生产中存在的技术效率损失。平均受教育年限是农民科学文化水平和农民素质的重要体现，农民的科学文化水平的高低直接影响农业技术及农业机械装备的推广与应用。近年来虽然农村劳动力素质有所提高，但随着青壮年劳动力的外流农村劳动力整体素质仍然偏低，受教育年限与城镇相比较短，老年劳动力接受新技术能力较差，沿袭传统种植技术和方法，这就制约了先进的农业技术及装备的推广与应用，从而制约粮食生产技术效率的提高。农民科学文化水平的提高对粮食产量及粮食质量均有重要意义，通过普及素质教育等方式促使提高农民平均受教育年限，消除文盲；

加强农民职业教育和技能培训，引导农民正确使用农用机械、合理施用化肥农药、科学经营管理，着力提高粮食主产区种粮农民的科学文化水平会对粮食生产各个环节的科学投入和经营管理产生积极影响。因此，培养有文化、懂技术、善经营、会管理的高素质农民对提高中国粮食主产区粮食生产技术效率有重要作用。

财政支农占比（CZZN）：表 4-6 估计结果显示，财政支农占比的系数（δ_8）为 -0.083 1，在 20% 的水平下显著，说明 2004—2021 年的 18 年中国粮食主产区财政支农力度与粮食生产技术效率成正相关，与效率损失呈负相关，即中国粮食主产区提高财政支农力度能降低粮食生产技术效率损失。财政支农占比这一指标能够反映政府财政对"三农"发展的资金支持力度，财政支农范围非常广泛，政府为了支持农业发展、农民收入和生活水平提高及农村的可持续的一系列财政资金都属于财政支农，财政对农业、农村、农民的大量的资金支持，有利于完善农业基础设施，改善粮食主产区农民生产条件，提高农民收入，调动农民种粮积极性，减少自然灾害带来的损失等。但从表 4-6 估计结果中发现，财政支农占比系数统计并不是十分显著，说明财政支农支出也并不是数量越多越好，财政支农涉及很多部门，导致很多财政支农政策在执行过程中存在组织管理不善现象，进而导致资金浪费和执行不力。同时，一味强调增加政府财政支农力度而忽视财政支农资金使用效率是不可取的，"大水漫灌"式的支农投入不会对粮食生产技术效率的提高产生积极影响。因此，财政支农资金使用要突出重点，改善各级各部门的组织和管理能力，提高财政支农资金使用效率，优化财政支农结构从而弥补农业科技公共物品的负外部性，将对中国粮食主产区粮食生产技术效率的提高起到一定积极作用。

城镇化率（CZH）：表 4-6 的模型估计结果显示，城镇化率这一指标系数为 0.082 9 但统计并不显著，这说明城镇化率的不断提高可能在一定程度上造成了我国粮食主产区粮食生产技术效率损失。城镇化的推进对粮食生产的不利影响主要体现在土地和劳动力两个方面。一方面，随着我国城镇化进程的加快，工业化和城镇化挤占大量耕地，占补平衡政策落实只注重数量，存在占优补劣现象，影响耕地质量，进一步影响粮食播种面积和粮食产能。另一方面，城镇化进程加快，农民兼业化程度提高，一定程度上会增加农民收入，但伴随青壮年劳动力的外流及农村人口逐渐城镇化、土地撂荒、粮食种植人口老龄化等现象出现，成为粮食生产技术效率提高的阻碍。因此客观上中国粮食主产区的城镇化率与粮食生产技术效率负相关。

综上所述，根据实证结果分析，中国粮食主产区粮食生产过程中造成粮食生产技术效率损失的因素主要有劳均机械使用量、受灾比例和城镇化率，说明中国粮食主产区粮食生产中农用机械在推广过程中存在低效率问题，使用过程中存在冗余现象，通过对粮食生产机械的大量投入已经不能够提高中国粮食主产区的粮食生产技术效率，应在农业技术装备的推广应用上下功夫，因地制宜，着力提高农用机械的使用效率。自然灾害的发生一直是粮食生产效率提高的重要阻碍，积极建立灾害预警系统，完善农田水利等基础设施建设，科学提高粮食生产防灾抗灾能力，减少粮食受灾比例，控制成灾面积是提高粮食生产技术效率的有效途径。与此同时，严格执行耕地用途管控措施，严守耕地红线，落实耕地地力保护政策，加快建设高标准农田，保障粮食实现稳产高产。此外，通过上述模型估计结果可知，2004—2021 年平均化肥施用量、有效灌溉率、农村居民家庭人均收入和平均受教育年限的提高为中国粮食主产区粮食生产技术效率的提高做出了重要贡献。其中，结合生产函数估计结果分析得知，中国粮食主产区继续增加化肥施用量对提高粮食生产技术效率无益，粮食生产中使用化肥实现减量增效、提升农民素质、增加农民收入均是提高粮食主产区粮食生产技术效率的重要途径；粮食劳均播种面积和财政支农占比与粮食生产技术效率虽然呈正相关，但并不十分显著，这说明土地资源有限的情况下，单纯依靠粮食种植面积的大量扩大实现粮食生产技术效率的提高已经不现实，为实现粮食增产，需要稳住面积，依靠农业科技，主攻单产。财政支农占比与粮食生产技术效率的正相关关系也不显著，说明在财政支农资金利用效率不高的情况下，通过依赖国家财政支农资金的大量投入来提高粮食主产区粮食生产技术效率，可能会造成财政资源的浪费、市场调节粮食价格失灵，从而反过来影响中国粮食主产区粮食生产技术效率的提高，因此，增加财政支农力度的同时更应该注重资金使用效率的提升。

5 中国粮食主产区粮食生产技术效率提升路径研究

5.1 农户内生发展路径

5.1.1 坚守耕地红线

在过去的几十年里，确保国家的粮食安全始终是头等大事。中国人要把饭碗端在自己手上，并且碗里要装自己生产的粮食，耕地是粮食生产的命根子，面临中国人均耕地面积少、优质耕地少、后备耕地资源少的"三少"耕地国情，牢牢守住18亿亩耕地红线，坚守耕地红线不动摇是保障粮食安全的最基本条件。2022年中国粮食播种面积约为11 833万公顷，粮食总产量约为68 653万吨。但中国粮食仍面临粮食需求大，供给不足，种植结构有待优化等问题，土地作为粮食生产中最基础性的稀缺资源，坚守耕地红线刻不容缓。

完善土地保护制度是保证耕地红线不动摇的前提。建立健全耕地保护法律法规，对侵占耕地和非法用地行为进行严厉打击，坚决管控耕地"非农化"，防止耕地"非粮化"，加大对违法行为的处罚力度，提高违法成本，以此来切实保护耕地免受侵蚀。强化粮食主产区农民的耕地保护意识，引导农民意识到耕地保护的重要性，尊重耕地保护法律法规。此外，加大土地监测和巡查力度，及时发现并处理耕地非法转化的现象，防止耕地流失现象的发生。同时严格落实耕地占补平衡政策，占一补一、占优补优、占水田补水田，加大对土地的保护力度，完善土地保护制度，确保耕地数量和质量。

推进农业现代化是保证耕地红线不动摇的重要手段。农业现代化是指通过科技进步、产业升级、管理改革等手段，提高农业生产效率和质量，推动农业发展与农民收入增加，实现农业可持续发展的过程。通过引进先进农业技术和设备，提高农业生产效率，减少对耕地的占用，提高土地生产力。要稳定粮食播种面积，合理规划农业生产布局，科学调整作物组合，提高粮食主产区粮食产量和质量。同时，加强农业科技研发，强化技术指导，培育适应耕地条件的新品种，提高粮食产量和质量，增强粮食主产区对外部风险的抵御能力。着力改善主产区农产品流通和市场调控，统筹规划农产品市场流通网络布局，加强重要农产品集散地、优势农产品产地市场建设，逐步形成具有国内外影响力的农产品价格形成和交易中心，推进农业现代化发展。此外，加强农田水利工程建设，提高耕地的灌溉条件，满足耕地的需求，确保粮食作物的正常生长。

加强土地整治和规划。通过推进土地整治，优化农田结构，提高土地利用率，加快推进耕地合理合法流转，减少耕地撂荒现象，科学优选作物品种组合提高复种效率，减少耕地浪费现象的发生。同时，加强土地规划，划定农田保护区，限制非农化用地的行为，确保耕地的稳定和连续使用。鼓励多种植业形式的发展，通过合理轮作和休耕制度，有效保护土地的肥力，延长耕地的寿命，保障耕地的可持续利用。同时，还要完善土地托管机制，鼓励土地合理有序流转，提高土地集约化水平，提高土地的利用率，带动农业农村经济的快速发展。

加强粮食主产区的管理和监督。建立粮食主产区的统一管理机构，加强对耕地利用和保护的日常监管。完善的市场监管是构建市场机制，充分发挥市场作用，促进食品生产、加工、流通等环节实现粮食安全的重要途径。在市场监管方面，要建立健全监管体制和机制，确保市场规范有序，食品质量有保障，把住粮食安全主动权，确保粮食主产区粮食的品质，及时发现生产过程中遇到的问题并采取相应的措施。加强农民的技术培训和宣传教育，提高农民对土地保护的意识，培养农民的环境保护意识，使其主动自觉地参与到耕地保护的行动中来，提高耕地的质量，保障粮食生产和农业可持续发展。

5.1.2 提高耕地质量

我国耕地面临多重问题，长期过度耕作、过度施肥、过度使用农药等，导致土壤质量下降，土壤酸化、盐碱化等问题严重，耕地退化程度较高。水资源短缺，导致耕地灌溉不足，影响粮食产量和质量。过量使用农药和化肥，导致土壤污染和农产品质量安全问题。土地流转制度不完善，农民流转土地的意愿不高，导致土地利用效率低下，难以实现规模经营，土地流转困难。并且粮食主产区在追求高产的同时，也面临着环境污染和生态破坏的问题，如农药残留、土地沙化等。

首先，粮食主产区应加强耕地保护和管理。耕地是农业生产的基础，对其合理利用和保护对保障国家粮食安全至关重要。严格耕地占补平衡管理，实行部门联合开展补充耕地验收评定和"市县审核、省级复核、社会监督"机制，确保补充的耕地数量相等、质量相当、产能不下降。严格控制耕地转为其他农用地。探索建立耕地种植用途管控机制，明确利用优先顺序，加强动态监测，有序开展试点。政府应制定相关法规和政策，加强耕地的保护和管理，严厉打击非法占地行为，加大对土地流转的支持力度，使得土地流转更加有序、合理、安全。同时，加强对土地的利用、开发和整治，开展耕地复垦和耕地质量提高等工作，保障耕地质量和数量的稳定，为农业生产提供坚实可靠的保障。建立健全土壤污染防治体系，加强农药和化肥的合理使用，推广有机农业、绿色农业和生态农业，减少对土壤的污染和破坏。此外，加强耕地的土壤保育和改良，推广土壤有机质的增加和水肥一体化技术，提高土地的肥力和产能。

其次，粮食主产区应提升农业生产技术水平。农业生产技术是提高粮食产量和质量的关键。粮食主产区应加大科技投入，推广现代化农业生产技术。加强农作物品种改良和选择，培育适应当地气候和土壤条件的优质品种，提高抗逆性和产量稳定性。强化病虫害的监测防治，积极开展绿色防控与统防统治融合发展，可以建立常态化预警监测、重大病虫害周报等制度，采取物理诱杀、科学用药等方式，提高粮食作物病虫害防治水平。加强农业机械化和智能化技术应用，改善粮食主产区的发展条件，提高农业生产效率和质量。此外，加强农业生产者的技术培训和知识普及，提高农民的科学种植和管理水平，逐步成为"有文化、会技术、懂知识"的高素质农民，带动粮食主产区经济的快速发展。

再次，粮食主产区应加强农田水利等基础设施的建设和管理。水资源是农业生产中不可或缺的重要因素。在粮食主产区，更应加强农田水利系统的建设和管理。加大对灌溉设施的投资力度，提高灌溉效率和加强节水技术的推广与应用。例如，政府可以通过加大拨款力度，通过互联网平台进行宣传等方式，号召对农田水利建设提供更多的资金。严格实行用水总量控制，提高用水效率。建设排灌工程，合理利用地下水和雨水资源，确保农田灌溉的稳定性和可持续性。此外，加强对农田水土保持的管理，加强水土流失防治，保护农田的水质和水量。同时，以健全农业水价形成机制为重点，加快推进农业水价综合改革，使更多的人认识到水资源的重要性，合理用水，避免过度浪费水资源及大水漫灌等不合理灌溉方式带来的土壤盐碱化等问题。

最后，粮食主产区应加强农业生态环境保护与修复。农业生产与生态环境之间存在着密切的联系，两者相辅相成。粮食主产区应加强对农业生态环境的保护与修复，建立健全农业生态保护体系。例如，分类保护湿地、草地、林地、水域等自然生态系统，防止人为破坏，维护生态平衡。加强农田生态环境监测和评估，及时发现和解决环境问题。加强农业生态资源的保护和恢复，推动生态农业的发展。加大生态补偿力度，激励农民积极参与生态环境保护，提高生态环境质量，促进粮食主产区经济的可持续发展。同时，主产区应该加大环境保护宣传力度，通过普及环境保护相关的知识，让群众认识到环境保护的重要性，使其积极主动地参与到生态环境保护和修复当中来，促进绿色农业的发展。

5.1.3 培育高素质农民

高素质农民具有"以农为荣"的职业观、生态价值观和职业素质，是乡村振兴的建设者和乡村产业的引领者，他们立足于乡村生活，爱农业、懂农业、善经营，是社会主义新农村建设和发展的带头人、农村技能服务型人才、农村生产经营型人才。与传统农民相比，高素质农民在农业生产、经营管理、农产品加工和销售等方面具备更加专业化、规模化和市场化的能力。粮食主产区培育高素质农民是农村发展的重要任务。通过政府引导、教育培训、农村合作社、科技支撑和农村改革等多方面的措施，可以为粮食主产区培育出一批素质较高、技能全面的农民，推动农业产业化、现代化的发展，实现农村经济的繁荣和农民收入的增长。粮食主产区培育高素质农民需要政府及社会各界共同努力，弘扬农耕文化，传承乡土情怀，为农业现代化和乡村振兴贡献力量。

粮食主产区培育高素质农民的路径中，政府引导是起到决定性作用的重要因素之一。政府在政策、资金等方面要给予足够的支持，同时加强对农村发展规划的制定和执行。政府要加大对农业产业化、农村经济发展的宣传力度，鼓励广大农民积极参与农业产业化、现代化建设，在政策方面给予一定的奖励和优惠补贴。此外，政府还要加强对农村土地制度改革的推动，为农民提供土地流转、承包经营的便利条件，促进土地资源的集约利用和合理使用。

要培育高素质农民，教育培训工作尤为关键。政府要加大对农村教育事业的投入，改善农村学校的办学条件，加强农村基础设施建设，引进高层次教学人才，提高农村教育的质量和水平。同时，要加强对农民职业教育和技能培训的支持，建立健全农村职业教育体系，提供多样化、实用性强的职业培训课程，培养农民的实际操作能力和创业精神。完善农民参与职业培训补贴政策，鼓励农民积极参加就业技能培训或创业培训，取得初级以上职业资格证书，提升自己的能力，获得更多知识，为农业农村做更多贡献。此外，还应该加强对农村青年人才的培养，引导大学生和城市青年到农村参与农业生产和农村发展，为培育高素质农民提供源源不断的人才支持。

农村合作社在培育高素质农民过程中起到至关重要的作用。政府要加强对农村合作社的支持和引导，鼓励农村群众积极参与合作社的组建和发展，并提供必要的政策和资金支持。合作社可以帮助农民集中力量办大事，提高农业生产的效益和农民的收入水平。同时，合作社可以降低生产成本，促进产品的销售，提高农产品的品质，把分散的农户组织起来统一经营，这样有利于调动农民生产积极性，增加国家政策扶持力度。此外，合作社还可以促进农业产业化和农村经济发展的协调推进，提高农村经济的综合竞争力。

科技支撑是培育高素质农民的重要保障。政府应加大农业科技研究和推广的力度，提供科技服务和技术培训，向农民普及先进的农业生产技术和农业管理经验。近些年随着人工智能的发展，智能农机的使用范围在不断扩大，可以通过人工智能来控制和帮助农民实现更加高效的农业生产。例如，通过利用人工智能技术的作业舱，可以较好地实现对于农业生产的各种作业控制，自动完成各种设备的调配、物资的运送甚至是作业现场的调度，提升农业生产的效益。同时，政府要鼓励农民参与农业科技研发和推广工作，提高农民对科技的认可度和应用能力。例如，可以通过云端课堂、网络学习等方式，让农民不用再跑到学校，在家里就能参加线上教学，学习新技术，获得专业知识的更新和提升，提高自身的能力。可以说，科技让职业技能培训更加普及化、灵活化，不分地域、时间和个人条件，让更多的农民获得提升技能的机会。科技的不断进步和应用，可以大大提高农业生产的效益和农村经济的发展水平。

农村改革是培育高素质农民的重要保障。政府要推进农村土地制度改革，加快农村产权制度和农村金融体系的建设，解决土地流转、承包经营、资金融通等问题。此外，政府还要完善农村社会保障制度，建立健全农村社会保障的内容体系，明确农村社会保障的公平价值取向和相关法律制度建设，加强对农民的社会福利保障，提高农民的生活质量和满意度。通过农村改革，可以激发农村经济发展的新活力，为培育具有较高文化水平、较强专业技能、全面管理知识的高素质农民提供良好的环境。

5.1.4　加快农业科技创新与成果转化

中国式现代化，离不开农业农村现代化，其关键在科技进步和创新。农业科技创新是实现粮食安全、提高农业生产效益、促进可持续农业发展的关键驱动力。在当前全球粮食供应不稳定、人口增长快速以及资源环境压力不断加大的背景下，粮食主产区必须积极探索和推动农业科技创新与成果转化的路径，以增强自身农业竞争力和可持续发展能力。

首先，粮食主产区应加大农业科研投入，提升科研能力和水平。投入足够的资金用于农业科技创新是农业主产区加快农业科技创新的基础。粮食主产区应加大政府对农业科研的支持力度，制定相关财政优惠政策，提高科研经费投入比例，引导企业和农户增加科研投入，提升粮食主产区生产的产量。同时，粮食主产区还应加强科研机构的建设，依托国家农业高新技术产业示范区、国家现代农业产业园区、全国农业科技现代化先行县和高水平涉农高校院所优势，大力吸引招揽高层次农业人才，加强科研人员的素质和能力培养，从而推动科研成果的转化和应用。

其次，粮食主产区要建立健全农业科技创新体系。农业科技创新是一个系统性的工程，需要建立起完整的科研创新链条。粮食主产区应推动科研机构、高校、企业和农户之间的紧密合作，形成科研成果产业化的路径。同时，粮食主产区应加强农业科技人才队伍建设，吸引和培养一批具有创新能力和实践经验的科技人才，推动农业科技创新与成果转化的深度融合，生产出质量更优的农产品。另外，粮食主产区还要完善经费投入机制，保障农业科技创新资金，增加对农业科技投入的总量，提高农业科研财政投入强度，健全农业科技创新体系。

再次，粮食主产区要加强科技成果的示范推广和应用。科技成果只有在实际应用中才能发挥出最大的价值。粮食主产区应加强科技成果的示范推广和应用，搭建农业科技成果供需对接平台，支持涉农高校院所科技成果转移转化中心建设，将优异种质资源、重大科研成果和高价值专利引入农业中，推广到田间地头，持续畅通"科技特派员""科技小院""双线共推"等科教文卫行业人才下乡服务通道，打通科技成果转化的"最后一公里"，通过对农技人员的培训和科技知识的普及，推动尽快实现科技成果的转化和应用。同时，粮食主产区还应积极主动地开展技术推广和技术服务工作，解决农户在科技成果应用中遇到的问题和困难，提高农户生产过程中的积极性和主动性，促进农业技术与农业生产的无缝对接。

最后，粮食主产区要加强农业科技创新与成果转化的政策支持。政策的支持是农业科技创新与成果转化的重要保障。粮食主产区应建立健全相关政策体系，提供政策支持和激励措施，鼓励农业企业和农户参与农业科技创新与成果转化，农业科技转化创新方向也应该契合区域优势特色农业产业，提高转化技术成熟度。同时，应制定相关法规和标准，使农业科技创新和成果转化过程中受到法律的保护和支持，保障科技成果的实施和应用。只有加强政策支持和相应的法律保障，才能为粮食主产区的农业科技创新和成果转化提供有力支撑。

5.2 政府外源支持路径

5.2.1 加强农业基础设施建设

农业基础设施是农业资本的重要组成部分，属于农业资本存量，是影响农业发展乃至国民经济增长的关键因素之一。改革开放以来，几乎每份以"三农"为主题的中央一号文件都对农业基础设施建设有所论述。特别是从"十二五"至今，中央一号文件关于农业基础设施建设的内容持续扩展、力度不断加大。与之对应的是，我国农业基础设施建设进展显著，取得了瞩目的发展成就。农业基础设施的建设和完善，对于促进粮食主产区的农业生产和经济发展，以及提高农产品的品质和市场竞争力发挥重要作用，我们可以通过以下途径来加强农业基础设施建设。

加强农田水利设施的建设，农田水利设施的建设是农业发展的基础，对于提高农田灌溉效率、保障农作物生长发育具有至关重要的作用。因此，在粮食主产区加强农田水利设施的建设是提高粮食产量和质量的关键。需要在以下几个方面加强农田水利设施的建设。提高农田排灌效率，通过改造农田排灌系统，采用高效、节水的灌溉技术，提高排灌能力和灌溉利用率，减少水资源浪费。增加水源供应，加强对水源地保护和水资源的储备，修建水库、水窖等水源工程，提高水资源利用效率和可持续利用能力。完善农田排水系统，加强对农田排水设施的建设和维护，增加排水能力，降低农田内部积水对农作物生长的不利影响。对此，地方各级水利、农业农村部门要按照职责加强农田水利设施管护的指导和监管，确保各项责任和监管制度落到实处，确保水利设施的建设能够真正促进农业高质量发展，使粮食主产区农产品质量得到提升。

扩大农村用电覆盖面。农村用电覆盖面的扩大对于农村经济发展和现代农业生产至关重要。仍有一些粮食主产区存在用电不足或不稳定的问题，因此加强农村用电覆盖是农业基础设施建设中的重要方面。加大农村电网扩建力度。通过加大对农村电网建设的投入，扩大农村用电的覆盖范围，提高电网的供电能力和稳定性。推进新能源发展，利用太阳能、风能等新能源技术，加快农村新能源发电设施的建设，为农村提供可持续、清洁的能源供应。完善农村用电管理机制，建立有效的用电管理制度，提高用电效率，合理安排用电计划，防止电力资源的浪费和滥用，提高电力资源利用率。

加强农业气象监测。农业气象监测是农业生产和管理的重要手段，通过实时掌握气象信息，可以提高农作物的种植管理水平，减少自然灾害对农业生产的不利影响。在粮食主产区加强农业气象监测需要注意以下几点。增加农业气象监测设施，建立气象监测站点，加大农业气象监测设备和人员的投入，提高设备准确度和监测人员的专业素质和技能水平，实现对气象数据的准确监测和及时传输。提高农业气象预报能力，加强气象预报工作，提高气象预报的准确性和时效性，保证气象数据的真实性和可靠性，提高农民对气象信息的了解和利用程度。加强农业气象信息应用，建立农业气象信息平台，为农民提供准确的气象预报和灾害预警数据，提高农民对气象信息的应用水平。

加强高标准农田建设。高标准农田是全方位夯实粮食安全根基的关键保障。建成之后的高标准农田粮食综合生产能力大幅度提升，每亩土地粮食产能增加 10% ~ 20%。因此，建设高标准农田是巩固和提高粮食生产能力、保障国家粮食安全的关键举措。2023 年中央一号文件再次强调"加强高标准农田建设"，这是连续第 12 年在中央一号文件中提出。高标准农田的建设重点聚焦于"补上土壤改良、农田灌排设施等短板，统筹推进高效节水灌溉，健全长效管护机制"，可显著提高农业抵御自然灾害的能力和农业综合生产水平。粮食主产区应该大力实施高标准农田建设，让农田不仅仅是农田，更是良田，让主产区生产更多高质量的粮食，从而带动农业经济的可持续发展。另外还需要相关部门和单位积极开展工作，不断完善技术措施，尤其要加大监管工作力度，保证高标准农田建设质量，做好高标准农田建设工作。同时，要建立健全粮食主产区农田建设区域补偿机制，针对主产区实施差异化补偿，加强激励措施，保障粮食和重要农产品稳定安全供给。

5.2.2 提升财政支农政策效率

财政支农被视为促进农民收入增长，农业现代化进程加速的重要手段之一。然而，尽管财政支农在一定程度上取得了积极成效，但仍存在一些缺点和问题值得我们关注和改进。首先，财政支农过于依赖一次性的经济补贴，这种短期支持难以持续稳定地发挥作用。其次，目前财政支农工作的部分资金存在分配不均的问题。有些地区和农业领域得到了更多的支持，而其他地区和农业领域则被忽视。为了更好地发挥财政支农的效果，要加强其长期性和持续性的支持机制，保证资金的公平分配，并将财政支农与产业结构调整、农业技术创新相结合，推动农业现代化进程，促进农村经济的可持续发展。

优化农业政策环境。粮食主产区政府应加强对农业政策的研究和制定，确保农业政策与粮食生产的实际需求相适应。大幅度增加农民可以直接收益的资金投入比重，加大对农民实施直接补贴力度。中央财政继续增加良种补贴和农机具购置补贴资金。同时，政府还应加大对农业产业化和农民专业合作社等新型经营主体的支持力度，引导农民走向多元化、市场化的农业经营模式，走现代化发展道路。此外，政府还应完善农产品流通的监管机制，加强对农产品质量和安全的监督，提高农产品监督与管理的科学性和合理性，提高粮食主产区农产品的质量安全水平，同时增加农产品的附加值。

加强农民组织建设。粮食主产区政府应加强农民组织的建设，提升农民的组织化程度。政府可以通过培育农民专业合作社、专业协会等组织形式，促进农业社会化服务，建立健全农业社会化服务体系，增强农民之间的合作意识，提高农民的自我管理和自我发展能力，逐步成为高素质农民。此外，政府还应加强对农民的培训和技术指导，根据农民培训需求，结合农民就业方向、就业类型等特点，加大对农业技术的宣传力度，来发展现代农业，提高他们的农业生产能力和生产效率，推动农业生产力的发展，进而提高农民收入水平。

加强财政支农资金的管理。一方面，财政对农业的补贴政策大多是普惠性的，涉及面广，平均到每个农民身上补助额少，真正用于生产条件改善的少，因此"撒胡椒面"式的农业补助，对农业经济发展的促进效用甚微，需要整合支农资金，优化资金投向，加强对财政支农资金的管理。另一方面，财政资金往往规定了使用方向，部分在使用方向上规定得比较细，不利于资金的统筹使用，财政支农资金亦是如此。所以，粮食主产区政府应加大财政支农资金的管理，提高资金使用的透明度和规范性，使支农资金能够合理利用，最大限度发挥它应有的作用。政府可以通过制定相关政策和法规，加大对财政资金的监督和审查力度，确保资金的有效利用。同时，政府应加强对农业绩效的监测和评估，夯实绩效评价工作，及时发现问题并采取措施加以解决。

加强农村基本生产设施建设，保证粮食稳产高产。农村的基本生产设施是农业发展的基础。目前，农村的基础设施薄弱，尤其是农村道路和水利工程的建设极度落后，没有从根本上改变农民"靠天吃饭"的困境，严重制约着产量的提高和农民增收的有效条件。因此，政府应将其作为财政支农首要解决的问题，加大资金的投入力度，改善农村经济发展条件，保障有稳定的粮食供给，促进粮食主产区生产力的发展。

增强农民的参与意识。粮食主产区政府应加强与农民的沟通和互动，增强农民的参与意识。政府可以通过开展农民座谈会、听取农民意见等方式，了解农民的实际需求和意见建议，并在政策制定和执行过程中充分考虑和解决问题，最大程度上保护和尊重农民的利益，提高农民生产积极性。此外，政府应加强对农民的宣传教育工作，可以带农民学习参观考察，提高农民的法律意识和科学素养，增强农民对粮食生产的信心，帮助农民多渠道销售农产品，提高其种粮积极性，实现农村经济的可持续发展和粮食安全的保障。

增加农村义务教育和农民职业培训的资金支出。义务教育是改变农村面貌，加强农村精神文明建设的一个重要途径，而农民的职业技能直接影响到他们对农业科技的接受和应用程度。农民职业培训远远滞后于经济社会发展水平和教育水平，造成教育的"一腿长、一腿短"。粮食主产区政府应该增加教育经费的支出，提升农民的知识教育水平，加强农民培训和技术支持，提高农民的技术水平，使其逐步成为高素质农民，从而为提高农村劳动生产率和促进农村生产发展奠定基础。

5.2.3　实行多种形式的适度规模经营

2023 年中央一号文件提出"引导土地经营权有序流转，发展农业适度规模经营"。改革开放以来，随着工业化、城镇化、信息化和农业现代化的深入推进，农业生产力发生深刻变革。随着农业现代化进程的不断推进，粮食主产区如何促进多种形式的适度规模经营成为一个重要的议题。适度规模经营旨在通过适度的规模扩大农业生产，提高农业效益，实现农业可持续发展。历史经验表明，适度规模经营是适合我国国情农情的农业经营组织方式。多种形式的适度规模经营是粮食主产区进行农业发展的重要方向，它有利于促进粮食生产的效益和质量提升，农民收入的增加，乡村产业的发展，农业生产力的提高，以及农村经济的全面繁荣。

以种粮大户为主体。种粮大户是大规模粮食生产经营的重要主体，他们通常具备较强的资金实力、技术储备、管理经验和人力支撑，能够采用现代化的种植技术、高效的管理模式和先进的农机装备，提高粮食的产量和品质，使得粮食向国际化方向发展。政府可以通过增加扶持政策、提供信贷支持、加强技术培训等措施，吸引更多的农户转向种粮大户，形成大规模、专业化的经营模式，为农业生产经营提供全过程高标准服务。同时，还可以加强种粮大户之间的合作，使他们各自的资源实现共享，有效推动资源的合理配置，形成联合经营的联盟，共同进行生产、加工、销售等环节，提高整个产业链的效益，提升农业发展水平，使得农民在生产经营过程中得到更多实惠。

以经济共同体为主体。经济共同体是由一定数量的小农户、农民专业合作社等组成的组织，通过规模化、专业化经营，实现农产品生产、加工、销售的一体化管理。政府可以通过成立农业合作社联合社、提供土地流转政策、补贴股权分红等鼓励小农户加入经济共同体，共同进行农产品生产、销售和经营管理。经济共同体可以通过规模化生产，获取更多的农资供应和销售渠道，降低成本，提高效益。同时，可以通过整合农民的土地资源和农村人力资源，进行集约化生产，充分有效利用各种资源，提高农业综合生产能力，实现农村经济的可持续发展。

以农业企业为主体。农业企业是国民经济的基础和经济细胞，在推动整个国民经济建设、繁荣农村经济、促进农业生产发展、富裕农民等方面有着举足轻重的作用。农业企业是农业产业化经营的主体，它们在农产品生产、加工、销售等环节中具备相对的专业化和规模化优势。政府可以通过引进外资、培育民营企业、发展农业龙头企业等措施，吸引和扶持农业企业加大投入，提高生产效率，减低生产成本，提高农产品竞争力以及农业科技水平，推动农业农村现代化。另外，政府可以加强与农业企业之间的合作，提供土地承包、产权保护等制度保障，可以实现农业生产的规模化、区域化、专业化，为农业企业提供稳定良好的发展环境。农业企业可以通过与农民合作经营、土地流转中与农民双赢，推动农村产业结构调整和乡村新型农业经营体系的建设，促进传统农业向现代农业转变。

5.2.4　完善农村金融网点建设

农村金融网点是承载农村金融服务和产品，满足农村市场经济主体金融交易和消费的重要载体，更是金融机构对农村市场增加金融资源供给的主要渠道。完善农村金融服务网点建设，向农村提供金融服务，对推进现代农业发展，服务社会主义新农村建设，带动农村经济发展具有重要现实意义。农村金融网点建设是发展农村金融事业的重要举措，针对粮食主产区，提出以下路径。

加强农村金融从业人员的培训，综合运用教育培训和实践锻炼等方式，增加他们的金融知识和服务意识，做好农村金融人才的教育培训工作。通过组织培训课程、开展专题讲座等方式，加大对金融知识的宣传力度，不断提升农村金融从业人员的专业素养，使他们能够更好地理解农民需求并提供定制化的金融服务。着力优化农村金融生态环境，为农村金融从业人员提供良好的生态环境。另外，农村金融机构也要提升自身开展金融教育培训的能力。自身能力是教育培训活动质量的保证，只有这样，才能更快地提高农村金融从业人员的素质。

引入先进的金融科技手段，提供更加便利和高效的金融服务。如推动移动支付在农村地区的普及和应用，提高支付的便捷性和安全性，开展移动银行业务；发展互联网金融，建设完善的农村金融网络系统，提供在线贷款、存款等服务，推出更加智能化的理财产品。先进的金融科技手段不仅可以使银行规避风险，而且使贷款群体免去担保环节，提高贷款资金的可获得性。不断引进先进的金融科技手段，保持技术革新的速度和力度，才能更好地实现金融科技创新的目标，降低金融成本，增加金融产品的种类，促进金融市场的发展和完善，从而带动农村经济的发展。

建立健全农村金融监管机制，加强对农村金融机构的监督和管理。在监管理念上，构建更具有竞争力和市场活力的农村金融市场。建立科学有效的农村金融监管制度，确保农村金融机构合规合法经营，增强应对金融风险的能力，防范和化解金融风险。加强对农村金融市场的监测和预警，履行监管职责，做好监管能力建设，及时发现和处理潜在的金融风险，带动涉农金融企业经营管理全面改进。同时还要改进农村金融监管方式，将过去依靠人力为主的监管逐步引入信息化手段监管，这样一方面可以节约人力资源，另一方面可以提升监管效率，建立更加完善的农村金融监管机制。

完善金融产品和服务体系，根据农业生产和经营需求，开发和推出适合农民的金融产品和服务。农村金融服务体系的完善需要金融机构的支持。在这一过程中，政府部门应该采取有力措施，积极引导各类金融机构进入农村。发展金融机构可以促进农村贷款的发放，金融机构应在贷款利率、担保条件、贷款期限等方面出台差异化政策，创新针对性产品，加大首贷、信用贷等贷款支持力度。同时，金融机构还应扩大农民的金融知识，提高农民的财务素养，为农民提供更加便利的金融服务。如推动农业保险的普及，为农民提供风险保障；加强农村信用合作社的建设，为农民提供贷款和储蓄等金融服务，提高农业金融服务集约化水平。

加大金融资源投入，增加财政资金对农村金融的支持力度。推动农村金融市场的多元化发展，扩大金融服务范围，提高覆盖率。还应注重发展小额贷款、农村保险、农村资产管理等金融服务和产品，满足农民多样化的金融需求。鼓励金融机构增加对农村金融业务的投入，为农村金融网点提供更多的资金和人力资源支持，持续推进农村金融机构服务点建设，改善农村金融网络、提高金融信息系统的管理水平等，为农民提供更加便捷的金融服务。同时，建立农村金融服务平台，整合各类金融资源，提高农民金融服务满意度，不断提升农村金融服务水平，助推农村普惠金融发展，促进农村金融网点的建设和发展。

加强农村金融网点的信息化建设，推动农村金融网点的信息化管理。不断加强金融网点知识宣传普及工作，切实履行社会责任，展现金融担当，维护金融秩序稳定、从农村金融需求方面解决实际难题、促进农村经济发展。要建立起完善的金融服务平台，通过建设农村金融网点的网上开户、网上办理业务等功能，提高农民办理金融业务的便利性和效率。同时，利用政府财政资金投入吸引社会资本的联合参与，引导社会资本支持农村金融网点等基础设施建设，加大农村金融网点的覆盖范围，推动农村互联网的速度升级与费用下降，降低农业企业使用数字信息基础设施的成本，加快农村金融网点的信息化发展。

加强金融扶贫工作，将农村金融网点建设与扶贫工作紧密结合起来。加大对贫困地区农民的金融支持力度，通过给予贫困农民更多的金融优惠政策和贷款支持，帮助他们发展生产，增加收入，改善贫困地区农业生产条件，促进经济的可持续发展。通过完善农村金融网点建设，可以提高农村金融服务能力，促进农村经济的快速发展，并提升农民的生活水平，从而增强农民的幸福感和获得感。

5.2.5 健全农业保险机制

农业保险是一项得民心、惠民生的好事，在现代农业中起着重要的作用。它可以帮助农民应对灾害损失，保障国家粮食安全，促进农业的发展和现代化，增加农民的信心和动力，同时保护农民的生计和农村经济的可持续发展。因此，加强农业保险的推广和健全农业保险制度对于现代农业的可持续发展非常关键。

第一，粮食主产区应该建立有效的风险评估和监测体系。在风险评估时，通过对天气、气候、自然灾害等因素进行全面分析和监测，可以及早发现并预测潜在的农业风险，针对发现的风险提出合理合法的建议，确定应对策略和措施，解决粮食主产区生产发展过程中遇到的问题。可以制定相应的农业保险政策，并提前配置保险资金，以应对潜在的风险。

第二，粮食主产区应该加强农民的培训和提高其保险意识。农民是农业保险的主要受益者和参与者，因此他们的意识和知识水平对于保险机制的顺利运作至关重要。粮食主产区可以通过开展培训项目，向农民介绍农业保险的基本概念、政策和程序，并提供实际案例和成功经验。这将有助于增强农民的保险意识，并使他们更好地了解如何使用农业保险来保护他们的作物和收入。粮食主产区也可以通过邀请专业农业保险管理人员帮助农民解决农业发展过程中遇到的难题，这样可以使农民更好地认识农业保险，提高他们对农业保险的信任度。

第三，粮食主产区应建立健全保险产品和服务体系。根据不同的农业风险和农民的需求，粮食主产区可以开发出多样化的保险产品，包括种植险、收入保险、灾害保险等，围绕电商、直播带货等"新消费场景"，开办涉农物流体系保险产品，为农产品物流畅通提供保障。深化农村改革，帮助粮食主产区农民获得更多增收机会。保险可以积极参与农村集体产权制度深化改革。探索引入收入保险机制，为农业产业收入低于预期收益提供有力的保障。同时，粮食主产区还应建立起完善的保险服务体系，包括保险理赔机制、风险评估和资金储备等，以确保农民在发生损失时能够及时获得合理的赔偿和支持，保护农民的利益。

第四，粮食主产区可以探索引入科技手段来提升农业保险的效益和可持续性。随着物联网、大数据分析和人工智能等技术的发展，粮食主产区可以利用这些新技术来提高农业风险管理和保险的精确性与效率，这不仅可以降低成本，节约资源，而且可以带动农村科技的发展，使农业保险的普及越来越广泛。例如，通过使用无人机收集农田的数据，可以更准确地评估农田的健康状况和潜在的风险。还可以利用无人机喷洒农药，有效节约人力物力等。这些技术都可以为农业保险提供更准确的定价和风险评估，从而提高保险的可持续性和效益。

第五，粮食主产区可以配套完善的法律法规体系来为农业保险提供保障。高度法制下的农业保险是农业现代化的一大红利。通过实施政府主导参与型的农业保险，以不断完善的农作物保险法律法规为依托，建立农作物保险公司，提供双重保险。首先，应明确政府在政策性农业保险中的角色，商业保险公司作为企业，应给予其充分的自主权，加强对粮食主产区法治体系的管理，这样才能充分发挥农业保险应有的力量；其次，加强对粮食主产区农业保险的宣传工作，增强农民群众对农业保险的认识，让他们意识到农业保险是受法律保护的，切实维护自身的发展，促进农业经济的可持续发展。而要满足这些要求，获得国家的法制支持是首要条件。我国只有不断加快农业保险的法制建设，使农业保险活动真正有法可依，才能有效改善当前我国农业保险市场供需短缺的局面。

5.3 多重相关路径

5.3.1 推进农业供给侧结构性改革

农业供给侧结构性改革是指通过调整农业生产结构、提高农业生产效率和优化农产品供给，推动农业现代化发展的一系列政策和措施。农业供给侧结构性改革的目的是从供给的角度提高农业供给体系的质量和效率，使农产品的供给数量、品种和质量能够满足大家的需求。

加强政策支持对于粮食主产区的农业供给侧结构性改革来说至关重要。政府应该积极采取措施，加大对农业发展的支持力度，并制定出更加有利于农业发展的政策。这些政策包括税收优惠政策、土地政策等，旨在提高农民的积极性和创造力，带动农业农村经济的可持续发展。

首先，税收优惠政策可以通过减轻农产品生产和销售环节的税负，鼓励农民增加农产品的种植和销售，拓宽农产品的流通渠道，延长产业化链条，从而带动农业农村经济的发展。政府可以针对农产品生产环节给予税收减免，这样可以降低生产成本，在生产中投入更多的资金来生产品质更优的农产品，提高农民的收益。此外，政府还可以对农产品销售环节给予税收优惠，以鼓励农民将农产品出售到市场上，拓宽农产品的销售渠道，进一步向国际化方向发展，增加中国农产品在国际市场的份额。通过优惠税收政策的引导，农民的种植积极性将得到提高，增强企业的发展活力，并且农业发展也得到促进。

其次，土地政策的改革也是农业发展的重要一环。加大土地流转的力度，鼓励农民将土地集中起来，不仅可以稳定承包关系、避免许多土地纠纷，还能提高农业生产效率，形成规模化的农业生产，让更多的土地承包经营权得到保障。此外，政府还应该加强土地管理，保护农田资源，提高土地利用效益，最大限度发挥农地的作用。通过土地政策的改革，社会发展和农民权益的关系越来越平衡，农业的生产效率和利用率将会得到提高，推动农业产业的升级与转型，有利于全面推进乡村振兴战略，实现共同富裕。

除了加强政策支持，优化农业结构也是提高农业发展质量和效益的重要措施。粮食主产区应该逐步减少传统农作物的种植面积，加强农业基础设施建设，推动农业结构多元化，大力发展现代化的农作物和农业产业，增加高效益、保护环境的农产品种植面积。主产区还应该发展农民专业合作社，农民专业合作社有效地促进了农业产业结构的调整。合作社根据当地的资源条件和产业发展情况，以共同利益为基础，把农民组织起来，围绕主导产业共同从事生产、加工、销售等经营活动，有效促进了当地优势产业的发展壮大，推进了农业产业结构的发展。通过调整农业产业结构，逐步适应现代农业经济的发展，优化农业生产要素的配置，提高资源利用率和劳动生产率，促进生产方式的转变，农业生产的质量和效益将会得到提高，增加农民的收入和就业机会，改善农民的生活质量。

为了提升农业技术水平，政府应该加大对科技创新的投入。科技创新可以推动农业科技与现代农业生产的结合，提高农业生产的技术含量和效率，引入先进的农业技术和设备，促进农业现代化，实现农业可持续发展。同时，政府还应该加强农业人才培养，提高农民的科技素质，培养专业化、技能化、现代化的高素质农民。推广现代农业技术和管理经验，鼓励农民采用先进的农业生产技术，从而提高整个农业产业的竞争力，促进经济的快速发展。

最后，推动粮食主产区精深加工农产品也是非常重要的。当前，随着经济的快速发展，人们对于"吃"的追求越来越高，大家更关注的是食物的安全、营养、外观，而不仅仅是以前的温饱，因此粮食的深加工尤为重要。粮食的精深加工是食品行业发展的重要一环，在保障食品质量安全和稳定供应的前提下，应着力开发粮食主产区的精深加工，延伸农产品发展链条，利用好循环加工技术装备，加强提取研发工作，开展生物降解材料的示范，实现自主研究开发，减少对个别产品的进口依赖性和资源的浪费的同时，也能提升农民的经济收益。同时，培育农产品精深加工企业。要推进农业企业向产业链中高端延伸，使得主产区农业企业由小到大、加工层次由粗（初）向精（深）发展。还要促进企业向绿色高质高效发展，生产开发安全优质、营养健康、绿色生态的各类食品及加工品。着力扶持农村一二三产业融合发展利益共同体，让农民更多地分享精深加工带来的增值收益，促进粮食主产区就业机会的增加，带动农业农村经济的快速发展。

5.3.2　提高粮食全要素生产率

粮食生产是农业产业发展的核心，促进粮食产业发展，有利于维护国家安全和发展，有利于实现农业农村现代化的建设，有利于我国农业经济水平的提升。然而，自然资源稀缺的问题不能用逐渐投入的粮食生产要素来衡量。只有提高粮食全要素生产率，才能更好地维持粮食生产的可持续性，始终维护我国粮食安全。粮食主产区作为粮食生产的核心地区，其粮食全要素生产率的提高具有重要意义。

第一，科技创新是提高粮食全要素生产率的关键所在。粮食主产区应加大对农业科技的支持与投入，促进科技创新在粮食生产中的应用。例如，加强种子研发与改良，选育出高产、抗病虫害的优质品种，保证农产品的正常生长；高精度监测技术设备可以有效提升自然灾害预测预警准确度，科学应急响应机制和综合型应急响应平台极大降低受灾地区的经济损失，增强主产区防灾减灾的能力。利用先进的农业机械和装备，提高农业生产的效率和质量；推广高效的农业管理技术，如精准农业、水肥一体化等，提高资源利用效率。通过科技创新的不断推进，粮食主产区能够提高粮食全要素生产率，实现可持续的粮食生产，带动粮食主产区以及农业农村经济的发展。

第二，优化农业生产结构是提高粮食全要素生产率的重要举措。粮食主产区应根据本地的自然条件和资源优势，调整农业生产结构，优化区域布局，合理配置农作物的种植面积和品种结构，发挥产品比较优势。例如，在水稻主产区可以适当增加其他粮食作物的种植面积，降低对水资源的依赖；在玉米主产区可以适度发展豆类作物，通过粮豆轮作、轮作休闲提高土壤质量。通过优化农业生产结构，粮食主产区能够提高粮食全要素生产率，增强农业综合实力，并降低生产经营风险，为我国的农业发展和经济增长奠定坚实的基础。

第三，加强农业基础设施建设是提高粮食全要素生产率的必要条件。农业基础设施是支撑农业生产的重要保障。粮食主产区应加大对农田水利、灌溉设施、农村电网等基础设施建设的投入，改善农业生产条件，提高农田的生产效率。此外，加强农业物流和仓储设施的建设，优化物流渠道，及时将农产品运送到市场，减少产销之间的损失。通过加强农业基础设施建设，粮食主产区能够有效提高粮食全要素生产率，降低农产品的生产和销售坏节的损耗。

第四，推进农业现代化是提高粮食全要素生产率的根本途径。农业现代化是指在农业生产、农村经济和农村社会方面实现现代化。粮食主产区应加快农业现代化的进程，推广现代农业技术与模式。例如，推广精准农业技术，利用遥感、卫星导航等技术手段，实现农业信息化管理；发展农业产业化经营，加强农业企业的组织化和规模化经营；提高农民的综合素质和技术水平，增强他们的农业经营能力，带动农业农村经济的发展。通过推进农业现代化，粮食主产区能够全面提升粮食全要素生产率，生态环境质量得到一定程度的改善，从而实现农业可持续发展。

提高粮食全要素生产率不仅有以上几个方面，政府还应进一步加大对粮食主产区粮食生产的扶持力度，对粮食主产区实行更多的优惠政策，鼓励更多农业高技术人才去主产区，带动主产区经济的发展，提高农民种粮积极性。同时，应通过多种方式加快农村土地流转，扩大粮食生产经营规模，增强集约化生产能力，提高粮食产业发展水平。

5.3.3 实施粮食全球化战略

粮食安全不仅要做到数量安全、质量安全，更应做到产业安全。虽然我国在粮食数量上目前可基本保障供给安全，但考虑到粮食安全战略的长远实施，在确保粮食数量安全的基础上，仍需进一步优化我国的粮食安全保障体系，因此要实施粮食全球化战略。粮食全球化战略是指通过国际合作与交流，实现全球粮食安全和可持续农业发展的战略举措。在全球化背景下，各国之间的粮食供需关系日益紧密，国际粮食贸易的规模不断扩大。

第一，粮食主产区应推进粮食生产方式的现代化。传统的种植和养殖方式已经不能满足不断增长的粮食需求。通过引进先进的农业技术和生产设备，粮食主产区可以提高生产效率和质量，减少资源浪费和环境污染。科学合理规划粮食流通设施的布局，充分考虑主产区的自然环境和人口状况，合理安排粮食的储备仓库和设施，加强各个粮食企业之间的沟通协调，使得各种设施合理使用，避免浪费。此外，应大力发展农业科技研究，培养专业人才，推动农业智能化和信息化的发展，提高农业生产的智能化水平。同时，针对粮食主产区的粮食产业进行整合资源、优化结构，提高资源利用率，推进农业生产方式的现代化，实现粮食全球化发展战略。

第二，粮食主产区应加强与其他国家和地区的合作。粮食是人类赖以生存发展最重要最主要的物质基础。粮食资源分布不均衡是世界粮食供求形势的基本特点，为国际粮食合作提供了广阔的空间和巨大的潜力。加强粮食主产区与其他国家和地区的合作，能够促进国际粮食领域要素有序流动、资源得到高效配置和利用、市场得到深度融合，有助于提高全球粮食市场供需适配性，实现供需平衡，促进世界粮食安全状况进一步改善。通过开展农产品贸易和技术交流，粮食主产区可以获取更多的市场机会和资源，提高产品的附加值，延长粮食生产链条。此外，可以在农产品进口国建设农业合作区，实现资源共享和优势互补，提高资源利用率，实现双赢。另外，粮食主产区可以积极参与国际农业组织和联盟，促进国际粮食交流与合作，推动粮食全球化的进程。

第三，粮食主产区应加强农产品品牌建设。通过加强对农产品的质量控制和标准化生产，粮食主产区可以树立起品牌形象，打造农产品"名牌效应"，使得更多的消费者认识到我国的粮食，更加喜欢我国生产的农产品，提高产品的附加值和竞争力。坚持以农业企业为主体，发挥农业企业、农民合作社等新型农业经营主体在农产品品牌建设中的主力军作用，通过标准化的生产方式、规模化经营、规范化管理和科技创新等手段，创建知名品牌，拓宽农产品推广渠道，提升品牌价值，带动粮食主产区农产品的销售。坚持政府的引导，发挥政府在资金等各方面的主要作用，营造有利于培育和发展农产品品牌的良好环境。同时，通过对农产品的深加工和品牌推广，提高产品质量，生产绿色健康、有机生态的粮食，使得粮食主产区可以打开更多的市场，扩大产品的影响力和知名度，逐步"走出去"，实现粮食全球化战略。

第四，粮食主产区应注重生态环境保护。粮食生产过程中的过度开垦和化肥农药的滥用已经给环境带来了严重的影响。粮食主产区应加强土壤保护和水资源管理，避免化肥农药的过度使用，合理利用土地资源，防止土壤板结，推行绿色、可持续的农业发展模式。加强农业废弃物循环利用，加快构建绿色高效、节能低碳的农产品供应链，实现产业生态化和生态产业化融合发展，保护生态环境，提高粮食品质。此外，还应积极开展农田水利建设，加强水资源保护和有效利用，通过滴灌、喷灌智能化及设施农业水肥一体化等措施来保护节约水资源，提高灌溉效率，减少水资源的浪费。

第五，粮食主产区应加强农民培训和福利保障。农民是粮食生产的主体，他们的素质和积极性直接关系到农业的发展。粮食主产区应加大对农民的培训力度，提高他们的技术水平和管理能力。例如，可以根据农村劳动力的实际需求和市场需求，开设多种类型的技能培训课程，包括电商、养殖、种植等各类行业。还要加强实践、实训、实操，在培训中注重培养实践能力和创新能力。同时，应加强农民福利保障，建立完善的社会福利保障制度，科学规划，构建良好的农村公共服务体系，提高农民的收入和生活质量，增强他们对粮食生产的积极性和动力，从而带动农村粮食经济的快速发展，实施粮食全球化发展战略。

5.3.4 走绿色可持续发展道路

绿色可持续发展是一种健康、绿色、可持续的发展方式，是提高人类社会发展水平的必由之路。打造绿色粮食是实现粮食主产区可持续发展的基础。这包括采用有机农业和生态农业的技术与方法，减少农药和化肥的使用，保护土壤和水资源。同时，推广高效节水灌溉技术和科学施肥方法，提高农作物产量和质量。通过加强科学研究和合理管理，确保农产品生产的环境安全和食品安全。

以绿色供应链为导向是实现绿色可持续发展的关键。绿色供应链是指在产品生命周期内减少对环境的影响和减少资源浪费的一种管理模式，包括从供应商到制造商和最终消费者的整个产业链。采用绿色供应链可以帮助企业降低生产成本、增加企业品牌认知度、提高生产效率和生产能力、降低企业环境风险等。因此，要积极提倡绿色发展理念，建立节约资源、保护环境的发展模式，以促进可持续发展。从种植、收购、加工到销售，建立起全程绿色供应链体系。加强农产品质量追溯和标准化管理，确保农产品的品质和质量安全。激励企业和农民采用环保包装和运输方式，减少资源消耗和环境污染，提高资源利用率。加强市场监管，打击假冒伪劣产品，保护消费者合法权益。通过建立绿色供应链，提高农产品的附加值和市场竞争力，走绿色可持续发展道路。

以循环经济和科技创新为支撑是促进粮食主产区绿色可持续发展的重要手段。循环经济是对物质闭环流动型经济的简称。它运用生态学规律来指导社会发展的经济活动，因此其本质上来说是一种生态经济。循环经济是按照生态规律利用自然资源和环境，实现经济活动的生态化转向。它是实施绿色可持续发展战略的必然选择和重要保证。因此，要加强农作物秸秆、农产品加工废弃物和人畜粪便等农业废弃物资源化利用，推动农业废弃物的循环利用。开发清洁能源，推广可再生能源，积极发展节能减排技术，走绿色可持续发展道路。鼓励农民采用节能环保的农业机械和设备，减少能源消耗和环境污染，保护生态环境。加强农业科技研发和示范推广，提高农作物品种的适应性和抗病虫害能力，促进粮食主产区农作物质量的提升。通过推动科技创新，提高粮食生产效率和农业可持续发展水平，走绿色可持续发展道路。

打造绿色园区是实现粮食主产区绿色可持续发展的重要保障。绿色园区是指以产品制造和能源供给为主要功能，具有法定边界和范围、具备统一管理机构的省级以上工业园区。绿色园区综合反映能效提升、污染减排、循环利用等绿色管理发展要求，是绿色发展理念在产业领域的直接展现。通过规划建设绿色农业示范园区和农产品加工园区，鼓励农业企业和农民采用绿色农业生产和加工技术，示范推广先进的绿色种植和加工方法。加强园区基础设施建设和公共服务，提高农民生活质量和社会福利水平。促进农民参与绿色园区建设和发展，增加农民收入和就业机会，带动粮食主产区经济的快速发展，走绿色可持续发展道路。

综上所述，实施绿色可持续发展是我国今后农业发展的方向，为此，必须清醒地认识到我国农业可持续发展过程中所面临的生态环境问题，进一步提高农业投入的科技含量，将科教兴国的战略思想同农业的绿色可持续发展紧密联系起来，提高劳动者的科学文化素质，加强对粮食主产区自然资源的合理开发和利用，保护农业生态环境，使农业发展走向节约资源、提高效益、绿色可持续发展的道路。

6 中国粮食主产区粮食生产技术效率提升政策建议

为确保中国粮食主产区粮食生产综合能力的提高，保障粮食产量和质量，粮食生产技术效率在未来的发展过程中能够进一步提高，增强粮食主产区商品粮输送能力，实现端牢中国饭碗的目标。为此本研究结合实证分析结果及粮食生产技术效率提升路径从以下几个方面给出提升策略的政策建议。

6.1 加快集约化生产模式推广，优化各项投入要素组合

集约化生产是指在农业科学技术不断进步的前提下，在耕地面积有限的情况下，增加其他生产要素或优化投入要素组合来提高土地利用效率，提高单位面积产量的生产方式。随着全球农业生产的不断发展，农业集约化生产模式日益成为农业生产的趋势。通过优化农业生产的各项投入要素组合，可以加快农业集约化生产模式的推广，从而提高粮食主产区粮食生产综合效益。

在前文实证模型估计结果中，粮食播种面积的扩大对粮食产量的增加有显著的积极作用，但通过扩大粮食劳均播种面积的方式，来提高粮食生产技术效率，此举作用并不十分显著。随着人口的增加和城镇化的快速发展，我国粮食安全面临着越来越大的压力。而在当下粮食生产的现实情况下，我国人均耕地面积不断减少，优质耕地及后备耕地资源不足的现状，使得粮食生产主要依靠扩大种植面积来增加产量的传统生产方式已经不再适用。因此，我们需要寻找新的方法来提高粮食生产效率，以满足人民日

益增长的对粮食数量和质量的需求。一方面，需要合理投入劳动力、机械、化肥等生产要素，通过农业技术手段最大程度提高土地资源利用效率，不断提高单位土地产出能力，以增加粮食总产量。这样的做法不仅可以提高粮食生产效率，而且对粮食生产要素的优化组合投入能够一定程度上抑制因过度投入产生的农业生态破坏，利于农业的可持续发展。另一方面，需要采用现代化的农业技术，以提高土地利用效率。现代化的农业技术可以提高粮食生产的效率和质量，减少劳动力的投入，提高劳动产出效率，并且可以更好地保护土地资源。例如，为了更加精确地测量土地的营养状况和水分含量，以便更好地管理土地资源，使用无人机和卫星技术为粮食生产保驾护航。同时，种子是农业的芯片，良种的推广在提高粮食单位面积产量上起到重要作用，因此，依靠现代化的育种技术和种植技术来提高粮食的产量和质量是可行且高效的途径。另外一个有效的途径是，通过提高农民的生产水平来提高粮食的生产效率，这包括确保耕地地力以保障产出能力，提供更先进的农机设备及更好的肥料和农药等。此外，农民的生产技能和综合素质是粮食生产技术效率提高的保障。通过为农民提供更好的教育和培训，提高他们的农业知识和技能水平，使农民在粮食生产过程中更好地利用现代化的农业技术，从而增加粮食总产量，实现提高粮食生产技术效率的目的。上述措施的实现需要政府加强对粮食生产的引导和支持，完善配套法律法规，加强新技术和新装备的推广、加强生产技术培训、引导民间资本参与粮食安全保障工作等，多措并举以推动粮食生产的现代化。

为提高粮食生产技术效率，未来中国粮食主产区的粮食生产应着力控制化肥和劳动力数量的投入，解决各地粮食生产过程中化肥投入和劳动力数量冗余问题。同时提高农用机械替代劳动力的程度，合理推进农民兼业化，解决富余劳动力问题。随着城市化的加速发展，中国的粮食生产安全面临着巨大的挑战。为了满足人民对粮食的数量和质量的双重需求，中国政府一直在大力推进农业现代化。然而，在推进农业现代化过程中，化肥和劳动力的投入问题成为一个亟待解决的问题。第一，着力控制粮食生产过程中化肥的过量投入，推进科学施肥方式是保障粮食安全供给，推动粮食生产形成绿色生产方式，实现资源高效率利用的关键举措。化肥虽然可以提高农作物的产量，但是过量使用会导致土壤污染和农产品质量下降，引发一系列农业生态问题。在未来的粮食生产中，应该注重土壤保护，减少化肥的使用量，倡导科学施肥方式，化肥施用减量增效，采用有机肥料和生物肥料等更加环保的肥料。此外，政府应该加强对化肥市场的监管，防止不合格产品流入市场。第二，着力控制粮食生产劳动力数量的投入。回望过去，中国粮食主产区粮食生产过程中，由于劳动力数量的充足，往往存在着劳动力冗余的现象，农业机械装备使用率不高。展望未来，随着城市化的加速和人口老龄化的趋势，劳动力资源将变得更加宝贵，劳动力成本逐年增加。因此，中国粮食主产区应该采用更加现代化、智能化的农业生产方式，减少粮食生产对劳动力的依赖。例如，可以采用机械化的种植方式，减少人工插秧和收割的工作量。此外，政府应该加大对农业科技的研发投入，引导民间资本深耕农业科技领域，加强推广智能化的农业机械和设备，提高粮食生产效率。第三，提高农用机械替代劳动力的利用程度，即提高农用机械使用效率。在当前的粮食生产中，尽管机械化的种植方式已经得到了广泛的应用，但是在收割和加工等环节中，仍然存在着大量的人工劳动，机械使用效率不高。在未来的粮食生产中，中国粮食主产区应该进一步推广农业机械化，尤其是在收割和加工等环节中。例如，可以采用智能化的收割机，实现自动化收割和加工，不仅可以降低劳动强度，还可以提高劳动生产效率和产品质量，解决青壮年劳动力资源匮乏问题。然而，矛盾的是，农业机械化的推广，工业化、城镇化进程的推进，使得在当前的农村地区，仍然存在着闲置的劳动力，多为留守人员并呈现老龄化，为此，需要深入推进产业融合，合理推进农民兼业化，鼓励农民进行兼业创业，发掘农村的多元化经济发展潜力，带动农民就业，增加农民收入，解决富余劳动力问题。

各粮食主产区需要根据自身情况因地制宜地确定科学合理的粮食种植品种结构，选择合理的投入要素配比，优化供给结构，选择适宜的种植方法，以绿色发展为理念，建立低碳高效的集约化生产模式，推动粮食生产增长方式的技术性转变，推动粮食主产区整体实现粮食生产集约化。因不同的地区有不同的气候、土壤和水资源等自然条件，因此各粮食主产区需要根据当地自然环境的不同因地制宜地确定粮食作物的种植品种。同时，需要考虑到市场需求和生产成本、作物单产、作物抗病性等因素，选择具有市场竞争力和生产效益的粮食作物品种。通过科学合理的粮食作物品种选择，提高单位面积产量和粮食产品质量，满足人民日益增长的需求。各粮食主产区需要选择合理的投入要素配比，优化供给结构。粮食生产投入要素包括土地、劳动力、资金和技术等，不同的投入要素配比会影响粮食生产技术效率。通过合理配置投入要素，可以提高粮食生产效率和质量，降低生产成本，实现更好的经济效益和生态效益。各粮食主产区还需要选择适宜的种植方法、采用先进的种植技术。种植方法包括耕作方式、施肥方法、病虫害防治等，不同的种植方法会对粮食生产技术效率产生不同的影响。如小麦"三防一喷"技术的广泛应用可以有效防范病虫害，提高粮食产量和质量，降低生产成本。各粮食主产区为实现粮食质量的提高，要坚持以绿色发展为理念，建立低碳高效的集约化生产模式。针对粮食种植过程中存在的设备老旧、科技创新能力不足等问题，建设以节能为主的现代设施种植业，推动化肥农药减量增效，保护农业生态环境的同时提高粮食生产技术效率，促进农业的可持续发展。为实现中国粮食主产区粮食生产集约化，保障粮食稳产高产，粮食生产增长方式的技术性转变是粮食生产发展的重要方向，着力深化农业科技体制改革，构建新的农业科技市场生产体系，形成以企业为主体、市场为导向的新的发展方向，拓宽科技成果转化途径，推动中国粮食主产区粮食产业发展由注重数量向注重质量转变。

6.2　加快建立并完善粮食生产保障机制

建立以中央、粮食主产区、粮食主销区政府为多重保障主体的保障机制，为中国粮食主产区提供土地保障、科技保障、资金保障、人力保障。

中央政府通过制定最严格的土地政策，严守耕地保护红线，严格管控耕地用途，限制农用地的非农用途和非粮化使用，落实藏粮于地各项战略举措，为保护耕地资源做出积极的努力。第一，中央政府通过制定耕地保护红线政策，严格限制耕地的开发和占用。开发建设要严格落实耕地占补平衡政策，不仅要在耕地数量上严格执行，更要保障耕地质量，禁止出现占优补劣现象。加快推进将基本农田建设成高标准农田，有效地保障耕地资源的数量和质量，保障粮食产出效率。同时，政府应探索建立完善的耕地用途管控机制，细化耕地用途管控项目，限制农用地的非农用途及非粮化使用，明确耕地用途的优先顺序，防止农用地被非农业用地替代，坚持良田用于生产粮食，明确基本农田优先用于粮食生产特别是保障小麦、水稻、玉米三大主粮的种植面积，从而保障粮食播种面积，为提高粮食产量奠定基础。第二，中央政府实施藏粮于地战略，切实加强耕地保护的同时要更加关注提升耕地质量，实施耕地地力保护补贴政策，全面提升耕地质量，针对中国优质耕地及后备耕地少的现状，充分发挥科技的力量对盐碱地等贫瘠土地进行综合利用开发，通过提高耕地的综合效益，增加农民的收入，促进中国粮食主产区粮食生产现代化的发展。这项战略的实施，对于保障国家粮食安全和农民的生计具有重要意义。第三，政府应制定合理的财政支农政策，根据粮食主产区的不同生产情况，有的放矢地实施各项补贴政策，突出重点，提高政策针对性。这些政策的实施，为农民提供更多的经济支持和保障，保护主产区农民种粮积极性，促进粮食生产的发展。第四，中央政府应加强对耕地资源的监管和保护。政府通过加强对耕地的保护、治理和管理，建立健全耕地资源监测和评估体系，加大对违法占用耕地的打击力度，有效地维护耕地资源的安全和稳定。

保障国家粮食安全关键在于深化落实藏粮于地、藏粮于技，中国粮食主产区粮食生产技术效率的提升主要依靠于农业科技。因地制宜地将传统农业技术和现代农业科技相结合，重点发展生物育种技术，加大对生物育种技术的资金支持力度，选派专门的农业技术员引导农民改进栽培方法，推广平衡施肥，避免因过度使用农药化肥带来农业面源污染、农产品农药残留超标等环境和食品安全问题。同时，加快推进农业科技成果的转化至关重要，加强全国各级农业科研机构联合各级技术推广机构的产学研合作，充分发挥政府的引导作用，建立健全技术研发和科技成果转化环节的政策体系，积极营造利于农业科技成果转化的市场环境，探索有偿和无偿相结合的新兴技术推广体系。加快建设农业信息化服务平台，为农民提供全方位农业信息发布服务。

　　中国粮食主产区在保障粮食安全过程中起到了至关重要的作用,党的二十大报告中指出要健全种粮农民收益保障机制和主产区利益补偿机制,充分说明了完善粮食主产区利益补偿机制对保障粮食安全的重要作用。为了保障粮食主产区农民种粮得利,中央政府采取一系列措施支持主产区粮食生产,但农民种粮比较收益偏低,农民增产不增收的现象仍然存在,粮食主产区与粮食主销区之间缺乏利益协同机制。粮食主销区是国家粮食政策的直接受益主体,也是粮食主产区粮食产品的直接消费主体,为解决粮食主产区粮财倒挂问题,应建立粮食主销区对粮食主产区粮食生产的补偿机制和风险共担机制,以及以国家财政投入为主、粮食主销区投入为辅的国家粮食安全保障基金。政府可以综合考虑粮食产量、粮食调出量、粮食生产效率等因素,适当加大补偿支付政策力度,给予粮食主产区一定的补贴,来自中央政府的资金和粮食主销区的补偿资金可以为粮食主产区提供资金保障。加快建立粮食主产区和主销区长期的风险共担、利益共享、相互匹配的利益协同机制,引导粮食主销区积极参与粮食主产区粮食生产、仓储、物流等基础设施建设,主销区通过技术支持、市场开发等方式来帮助主产区提高粮食产量和质量。在资金的使用方面,粮食主产区需要合理利用中央政府和粮食主销区的补偿资金,结合本地实际情况合理应用到粮食生产的各个环节。

　　为确保粮食主产区粮食生产发展,提供必要的科技保障和人力保障是至关重要的。特别是在人力保障方面,不仅要关注从事粮食种植的劳动力数量,更要注重提高劳动力素质。根据模型估计结果,粮食主产区的粮食生产过程中,劳动力数量投入已经存在冗余现象,即存在富余劳动力。因此,提升粮食从业人员的素质成为关键。在提供人力保障的过程中,需要注重员工的培训,提高技能水平,以提高整个种植过程的效率和精度。平均受教育年限对于粮食生产技术效率的提高有积极影响,这意味着培训和教育工作是非常必要的。粮食主产区通过实施人才兴粮工程和人才引进计划吸引专业人才留在本地,为本地的粮食生产提供智力支持。如今的粮食生产已经远非过去单纯的劳动力投入,而是需要更为专业和高效的种植技术支撑。这就要求从事种植工作的人员具备更高的素质和技能。针对劳动力素质的提升,可以通过多种途径实现。首先,各地政府通过加大对农业科技创新的投资，推动粮食生产技术的创新和进步，为粮食从业人员提供更为优质的技术支持，有利于提高他们的工作质量和效率。此外，粮食主产区还可以鼓励粮农参加各种生产技能培训和学习课程，提高种粮专业技能和知识水平。其次，实施人才兴粮工程和人才引进计划。这在一些粮食主产国家已经被证明是一种非常成功的方式。通过引入高水平的专业人才到当地从事相关工作，可以迅速提升本地粮食生产从业人员的素质和技术水平。政府采取一定的激励措施，吸引更多的专业人才加入本地的粮食生产行业。最后，发挥高技能人才在粮食生产技术创新和技能传承等方面的作用；结合粮食生产所需人才要求，引导地方高校调整专业设置和培养方式，完善产学研用结合的协同育人模式，加快培养粮食生产相关后备人才。总的来说，提高粮食从业人员的素质是提升本地粮食生产技术效率的关键。政府为农业科技创新提供资金支持，同时还需要实施人才引进计划，利用现代科技手段提高粮食生产的效率和质量。只有这样，才能逐步提高本地粮食生产的水平和质量，为人民提供更为优质的粮食产品，进而促进国民经济的发展。通过中央、粮食主产区、粮食主销区等保障主体协同作用，构建并完善粮食主产区粮食生产保障机制，从多方面保障主产区粮食生产高效有序进行。

6.3 全面深化供给侧结构性改革，优化粮食收储制度

全面深化粮食供给侧结构性改革，首先需要优化粮食收储制度。粮食储备不仅具有稳定粮食市场价格的意义，还具有保证国民粮食供应，应对粮食危机的重要战略意义。在全面深化供给侧结构性改革的背景下，粮食供给侧结构性矛盾主要体现在调整库存结构，去除多余库存，形成合理的粮食收储价格，倒逼农民优化种植结构、提高粮食质量。

粮食储备是国家粮食安全的重要保障，而实现粮食储备的目标，一是需要中央储备和地方储备协调运作。中央储备和地方储备应该在储备粮食品种、数量和质量上进行合理分配，以满足不同地区和不同市场的需求。中央储备应该保证国家粮食安全的基本需求，而地方储备则应该根据当地的实际情况进行储备，以应对突发事件和自然灾害。二是需要通过定向销

售、一次性储备等方式调节不同粮食品种库存。定向销售是指将储备粮食以优惠价格销售给特定的对象，如救灾、扶贫、保供等，以满足特定的社会需求。一次性储备是指将储备粮食一次性全部销售出去，以适应市场需求。这些方式可以使粮食储备更加灵活，更好地满足市场需求。三是在粮食储备品种结构的优化方面，应该根据市场需求动态地进行调整。对于市场需求较大的粮食品种，应该增加储备量，而对于市场需求较小的粮食品种，则可以减少储备量。这样可以最大限度地利用储备粮食，提高粮食储备的效益。四是应该强化粮食收购贸易的竞争机制，让更多市场主体参与到粮食收购竞争中来，将粮食价格推向市场。这样可以提高粮食收购的效率，降低收购成本，从而更好地保障国家粮食安全。五是应该鼓励企业和农民存储粮食，努力减少粮食政策性库存。政策性库存是指政府通过政策手段储备的粮食，但这些粮食往往不能满足市场需求，造成浪费。鼓励企业和农民存储粮食可以有效地减少政策性库存，提高粮食利用效率，保障国家粮食安全。

此外，要加强宏观调控能力，避免粮价虚高和谷贱伤农的现象，使粮食价格波动保持在一个平稳的幅度范围内。采用先进的储藏技术和科学的储藏方法，提高储粮效率，降低储粮消耗，保障储粮安全。首先，加强宏观调控能力是保障粮食供应的重要手段之一。政府应该根据市场情况及时调整粮食价格，并加强对粮食市场的监管，防止粮价虚高和谷贱伤农的现象发生。政府还应该加大对农业生产的扶持力度，鼓励农民增加粮食种植面积和产量，增强粮食供应的稳定性。其次，科学的储藏方法和先进的储藏技术也是保障粮食供应的重要手段。传统的储粮方法存在着储存时间短、储量少、储粮损失大等问题。因此，采用一些先进的储藏技术，如气调储藏、真空储藏、低温储藏等，来提高储粮效率和延长储存时间。同时，需要科学的储藏方法，如分类储存、密闭储存、适时翻仓等，来降低储粮消耗和保障储粮安全。最后，要加强对粮食质量的监管，确保粮食的质量和安全。政府应该加强对粮食生产、加工、运输、储藏等各个环节的监管，严格控制粮食中的有害物质和污染物质，确保粮食的质量和安全；加强对粮食的检测和监测，及时发现和处理粮食质量问题，保障人民的口粮安全。

6.4 加大技术研发推广力度

由前文实证结果可知，农用机械在粮食增产中发挥重要作用，然而劳均机械使用量却是造成粮食主产区粮食生产技术效率损失的重要原因。这说明粮食生产农用机械的大量投入虽然大大提高了粮食产量，但利用效率不高，因而造成了技术效率损失。

中国粮食主产区应该着力解放土地上的劳动力，提高农用机械对劳动力的替代效率，提升粮食生产全过程的机械化水平。在当前的形势下，中国粮食生产需要更多的机械化手段来提高生产效率。首先，解放土地上的劳动力是提高粮食生产机械化水平的关键。中国的农民劳动力大量外流，即使留在农村地区的年轻人也不愿意从事农业生产，这导致了粮食生产的劳动力数量的短缺。因此，解放土地上的劳动力是提高粮食生产机械化水平的关键。通过使用农用机械，可以降低劳动者的劳动强度，在自然条件相对恶劣的情况下能够极大提高农民改造自然的能力，提高生产效率。其次，提高粮食生产技术效率关键在于提高机械装备的使用效率。随着科技的不断进步，农用机械的功能不断增强，可以替代更多的劳动力，通过使用先进的农用机械，可以减少人力资源的浪费，实现适度规模化生产。通过建立完善的农机服务体系和农机装备推广体系，改善农业机械设备条件，各主产省份应根据自身自然条件及耕地分布状况选择适用的农用机械并加以推广，配备专门的农业技术人员培训农民正确使用农机具，提高粮食生产的机械使用效率。最后，提升粮食生产全过程的机械化水平是提高粮食生产技术效率的重要途径。粮食生产的全过程包括耕地、种植、施肥、灌溉、除草、收割、加工等环节，每一个环节通过机械化手段来提高效率，实现全过程机械化，降低劳动强度，实现规模化生产经营。

生物化学技术的研发力度是一个非常重要的方面。通过实证分析结果发现，过去的 18 年间化肥施用在中国粮食主产区粮食产量增加上起到了很重要的作用，但目前持续增加化肥施用量已无法实现粮食生产技术效率的提高。通过研发低毒低害低残留的农药化肥，并指导农民合理控制农药化肥施用量，提高化肥施用效率，才能实现有效增加粮食产量、提高粮食质量的同时提高粮食生产技术效率，还可以减少对环境的污染和对人体健康的危害。因此，政府应进一步提高财政对粮食生产技术研发的投入水平，加快建立并完善多渠道的农业科学技术研发投入机制，鼓励科研机构和企业在这方面进行更多的探索和创新，加强对粮食生产机械、化肥、良种培育、病虫害防治、土壤质量改良等方面的科学研究，加快高产栽培技术的普及与应用。此外，通过建立粮食生产专业合作社，并以其为生产示范基地，推动生产技术创新的同时，发挥其辐射带动作用，推动先进的粮食生产技术的推广与运用。政府应加强对粮食生产机械、化肥、良种培育、病虫害防治、土壤质量改良等方面的科学研究。这些方面都是影响粮食产量和质量的重要因素。通过加强科学研究，可以更好地理解这些因素的影响机制，从而制定更加科学合理的生产方案。科学研究还可以推动相关技术的创新和进步，为粮食生产提供更加可靠的技术支持。

6.5 完善土地流转制度，推进粮食规模化经营

效率损失模型估计结果显示，城镇化率的增长在一定程度上成为粮食主产区粮食生产技术效率损失的原因。

中国作为人均耕地资源稀缺的国家之一，一直以来都面临着严峻的耕地问题。据统计，2021 年中国的人均耕地面积只有 1.5 亩左右，不足世界平均水平（3.1 亩）的一半。中国的耕地资源还呈现出分布非常不平衡的情况，耕地面积主要集中在东北三省、内蒙古自治区等地方，并且从地形上看，粮食主产区中并非全部省份均像东北地区那样平原面积广袤，适合大机械化作业，对于南方的很多省份来说，山地丘陵广布，人均耕地面积更少，家庭承包经营制一定程度上加剧了土地细碎化程度。这些都给中国的粮食生产带来了巨大的困难。随着城镇化、工业化的不断推进，农村人口不断向城市转移，据统计，自 1978 年以来，城镇化率已经从 18.9%上升到了 2021 年的 64.72%，这意味着中国的城市化进程已经进入了快速发展的阶段。这一过程中，大量的耕地被用于城市建设和工业用地，导致粮食生产面临着巨大的挑战。而且随着农村青壮年劳动力的外流，粮食生产还面临着土地撂荒、利用率不高等问题。尽管中国的人均耕地面积很

少，但是由于农业生产技术水平的不断提高，单位面积产量逐年提升，中国的粮食产量一直保持在较高水平，粮食产量连续 8 年稳定在 0.65 万亿千克以上，基本实现粮食自给。然而，由于土地的分散利用和不合理利用，以家庭为单位的生产模式，农业技术创新动力不足，农民的生产手段和技术水平都比较低，导致耕地利用率不高。

这些问题不仅制约了农村土地的规模化经营，也影响了农业生产的效率和质量。因此，迫切需要建立完善的土地流转制度，促进农用土地流转的规范化和法治化。第一，建立完善的土地流转制度是实现农业现代化的必要条件。农业现代化需要依靠大规模的农业生产，而大规模的农业生产需要依靠土地流转。只有建立完善的土地流转制度，才能促进农业生产的规模化和标准化，提高土地、机械等要素的利用效率，从而促进粮食生产技术效率的提高。第二，建立完善的土地流转制度有利于稳定家庭承包经营的基础性政策。家庭承包经营是我国农村改革的重要成果之一，稳定和发展家庭承包经营是维护农村社会稳定的重要举措。而建立完善的土地流转制度，可以使农村土地的流转更加规范化和法治化，保障农民的合法权益，避免土地流转中出现的一些纠纷和问题，从而保障家庭承包经营的稳定性和可持续性。第三，建立完善的土地流转制度可以通过推动农村土地使用权流转，促进规模化经营。农村土地使用权流转是实现农业规模化经营的必要途径，而种粮大户、家庭农场等新型经营主体可以发挥重要作用。通过培育新型经营主体，可以推动土地的流转和集约化利用，提高农业生产效益，促进农民增收致富。第四，建立完善的土地流转制度还可以提高农业生产的质量和效率。农业生产需要依靠现代化的技术和设备，而这些技术和设备需要大规模的投入和使用。通过土地流转，推动粮食生产实现规模化和标准化，提高生产效率和粮食质量。

土地流转是当前农村改革的一个重要方向，它的目的在于实现农业规模化经营、集中管理，从而提高农业生产效率。在实施土地流转的过程中，必须坚持农民自愿原则，避免强制流转。农民是土地的主人，他们有权自主选择是否将土地流转出去，以及流转给谁。因此，在土地流转的过程中，必须充分尊重农民的意愿，听取他们的意见和建议，让他们参与到决策中来，确保土地流转的公正、公开、透明。农地流转有利于实现农业规模化经营、集中管理，便于机械与技术的推广。农业规模化经营是提高农业生产效率的重要手段，它可以通过集中管理、统一调度、优化资源配置等方式，实现农业生产的规模化、专业化、标准化。农业机械化和技术化也是提高农业生产效率的重要手段，可以降低农民的劳动强度，提高农业生产的效益。然而，实施土地流转也需要注意一些问题。首先，要严格把控农地用途，流转土地只能用作农业生产，不可挪作他用。其次，要避免出现土地流转的"黑中介"，保障农民的合法权益，防止他们被不法分子欺骗。最后，要积极引导农民转移就业，实现土地流转与农村过剩劳动力转移就业的同步进行。当前，我国农村劳动力过剩的问题仍然比较突出，这就需要通过土地流转来促进农村劳动力的转移就业。在实施土地流转的过程中，要积极引导农民转移就业，为他们提供多种就业机会和培训服务，让他们从土地上解放出来后能够顺利地转移到第二、三产业，实现就业增收。

6.6 完善灾害防控体系建设，建立风险分担机制

效率损失估计结果显示，中国粮食主产区受灾比例与粮食生产技术效率损失显著正相关，在粮食生产过程中旱涝、风雹灾害等自然风险会直接导致粮食减产、质量下降，自然灾害如果得到有效防控会对粮食稳产高产及粮食生产技术效率的提高做出积极贡献。目前中国粮食主产区粮食生产遭受的自然灾害以旱灾、涝灾、风雹灾害为主。这些灾害对于中国粮食主产区粮食生产的影响是非常巨大的，不仅会造成粮食减产，甚至会直接威胁人民财产安全。因此，我们需要采取一系列措施来应对这些灾害，以保障中国粮食的生产及有效供应。首先，根据各个粮食主产省份受灾类型不同，因地制宜，制定并完善灾害防控体系。不同的粮食作物在不同的地区受到的自然灾害是不同的，因此，要根据实际情况来制定相应的灾害防控措施。这些措施包括：加强气象监测，及时掌握气象变化情况；建立完善的灾害预警系统，对灾害进行提前预警，以便及时采取防灾抗灾措施；加强基础设施建设，特别是农田水利设施的建设，提高应对灾害的能力等。其次，各个粮食主产省份要以防灾为重要抓手。防灾工作是粮食生产的重

要环节，未雨绸缪方能有备无患。各地要加强防灾意识，提高防灾能力。在防灾工作中，要采用先进的气象监测技术及完善应对灾害的基础设施。农业、气象、水利、应急救灾等部门彼此要加强沟通，密切关注墒情、旱情，加强监测，及早发现苗头性、趋势性问题，备足抗旱排涝机具等应急救灾物资，提出有针对性的主动避灾、科学防灾技术措施，指导农民进行防灾抗灾工作。同时，粮食主产区与粮食主销区建立长期合作关系和风险分担利益共享关系，分散风险、分担力量。这样，即使某个地区发生了灾害，也不会对全国粮食生产造成太大的影响。最后，要加强粮食生产的科学管理。科学管理是粮食生产技术效率提高的重要手段，加强对粮食生产的科学研究的财政投入，掌握先进的生产技术和管理经验，增强粮食新品种的抗病性和抗灾性，保障粮食稳产高产。还要加强对农民的培训和指导，提高农民的生产技能和管理水平，提高应对自然灾害的能力。

与此同时，完善农业特大自然灾害救济制度。对于遭受重大自然灾害的以农业为主要甚至全部收入的地区和种植大户进行合理救济，发动社会各界的参与热情，加强救济款的使用监督，提高农业灾害救济效率，农业灾害发生时单纯依靠社会救济并不能够完全补偿灾民的损失，还应积极争取财政、农业等部门对农业生产的支持，用好农业生产救灾资金，帮助农民恢复生产。自然灾害是人类社会无法避免的一种现象，而在农业生产中，自然灾害对农民的影响更为深远。因为农业生产的特殊性质，农业受到自然环境的强大影响，农民的收入主要来源于农作物的收成，一旦遭受自然灾害，农民的收入将大幅度减少，甚至完全失去。因此，建立完善的农业特大自然灾害救济制度，对于保障农民的生计，维护农业生产的稳定性和可持续性，具有非常重要的意义。首先，救济制度的建立应该针对以农业为主要甚至全部收入的地区和农户，例如，中国粮食主产区的种粮农民，这样才能更好地保障农民的权益，同时不打击农民种粮积极性。在救济制度的实施过程中，应该充分考虑到农民的实际情况，制定出更为合理的救济政策，确保救济款能够真正地惠及到灾民。其次，发动社会各界的参与热情，是建立和完善农业特大自然灾害救济制度的关键。政府应该积极引导和组织社会各界的力量，包括企业、社会组织、志愿者等，参与到救济工作中来。这样不仅可以提高救济的效率，还可以增强社会的凝聚力和责任感。再次，加强救济款的使用监督，是确保救济款能够真正惠及到灾民的关键环节。政府应该建立健全监督机制，加强对救济款的使用情况进行监督和检查，确保救济款用于真正需要救济的人群，杜绝救济款被挪用和浪费。最后，提高农业灾害救济效率，是建立和完善农业特大自然灾害救济制度的重要目标。政府应该在救济制度的设计和实施中，注重提高救济的效率，采取科学的救济方式和手段，确保救济款能够及时、有效地到达灾民手中，最大限度地减轻灾民的损失，帮助农民尽快恢复生产。

农业灾害发生后不能单纯依赖政府救济，积极完善农业保险制度也是重要途径。自 2007 年农业保险在个别地区开始试点以来，农民对农业保险的需求越来越大，农业保险是保障农民生产生活的一项重要措施，可以帮助农民应对各种自然灾害和市场风险，减少农民在自然灾害面前的损失。因此，完善农业保险制度是非常必要的。当前中国已成为农业保险保费最高的国家，农业保险机制日趋完善，但目前农户个体层面上的保险制度并不能实现，财政等各部门合理规划各地区保险补贴力度，加强农业保险金的管理，保险补贴的高低直接影响着农民是否愿意购买保险。因此，中央财政应该根据各地区的实际情况，制定不同的补贴标准，以满足不同地区农民的需求。此外，应该着力缩小地区间补贴差别，避免因地区不同而导致的保险补贴不公平问题，针对不同生产作物品种制定不同的补贴标准，从而提高农业保险的覆盖率。在粮食主产区要更加注重对粮食种植保险的补贴，提高赔偿标准，粮食生产受自然灾害影响较大的产业，在农业保险制度中，应该更加注重对粮食种植保险的补贴，帮助种粮农民应对各种自然灾害和市场风险，加快以小麦、水稻、玉米三大主粮种植为主的主产区实现完全成本保险和种植收入保险全覆盖，使农业保险从生产环节向全产业链保障转变，通过农业保险和农业再保险完善农业风险分散机制。

6.7 加大粮食主产区生态环境养护力度

结合生产函数模型和效率损失模型的估计结果可知，化肥投入对粮食主产区 2004—2021 年粮食生产技术效率的提高起到了积极的作用，为中国粮食产量增加做出了突出贡献。但已经存在化肥投入冗余状况，继续追加化肥投入量不会为提高粮食产量起到任何积极作用，甚至会对粮食生产技术效率的提高产生负面影响。

化肥的过度投入会对土地、水源造成污染，导致土壤中的有机质流失，使得土壤质量下降；化肥中的氮、磷等物质也会通过土壤渗透进入地下水，对水源造成污染，农膜造成的白色污染短期内难以降解。这些污染物质不仅会对周围的农业生态环境产生不良影响，还会跟随食物链影响到人们的健康。农民为了在生产过程中降低成本及不良的种植习惯使我国粮食主产区各个省份面临不同程度的农业污染现象。中央明确指出农业发展要走绿色发展道路，粮食生产从更加注重产量向更加注重质量转变。因此，粮食生产过程应更加注重清洁生产，鼓励农民使用低毒低残留农药和生物肥料，对敌敌畏等高毒农药进行严格控制甚至禁止，采用科学的轮耕休耕制度，避免过度种植造成的土壤板结现象，加强废旧农膜资源化利用，开展可降解膜应用技术、地膜综合利用等示范活动的推广。在实践中，加强绿色防控技术的推广与使用，大力发展绿色有机粮食作物的种植，减少化肥施用、增施有机肥，示范推广低毒高效农药的使用，促进农药化肥的减量增效。

与此同时，我们需要积极制定并完善专门的农业环境保护法，完善各个法律主体的法律职责，加大农业资源环境监测力度，增加粮食规模化生产主体的违法成本。加强农业污染宣传，让农民了解农业污染对环境和健康的危害，提高他们的环保意识，推广农药保障废弃物回收试点工程。加强农业污染防治的技术培训，让农民了解科学种植农作物的方法和技巧，减少农业污染的发生。强化农业生态环境破坏行为的执法监督。建立健全农业环境监测体系，加强对农业生产过程中环境影响的监测和评估，及时发现和处理农业污染问题，保护好环境资源。

采用先进的工艺和技术合理处置农业垃圾和生活垃圾，加强农作物秸秆的综合、循环应用。农业垃圾和生活垃圾对环境的污染也是一个重要的问题。采用生物技术、物理化学技术等先进的技术手段，将垃圾变废为宝，循环利用，减少对环境的污染；示范推广秸秆综合利用技术，促进粮食作物秸秆转化为饲料、还田肥料、生物能源、工业原材料等，以村组织为单位，加强禁止焚烧秸秆的宣传教育，减少对生态环境的污染。对于先天土壤条件不足地区，如华北平原出现的土地盐碱化，东北平原土壤肥力下降并出现土地沙化、水土流失等现象，应采用先进的土壤改良技术、耕作技术，禁止毁林开荒，改变生产方式，选育适合各地土壤条件的作物，提高生产效率。总之，农业污染问题是一个复杂的系统工程，需要我们从多个方面入手，采取综合措施来解决。保护农业生态资源环境，是实现农业可持续发展的前提。

6.8 优化粮食生产布局，激发农业金融市场活力

2017 年，国务院发布了关于建立粮食生产功能区的指导意见，这一政策的出台旨在着力建设小麦、玉米、水稻生产功能区，以保障重要农产品的有效供给。建立粮食生产功能区是国家农业发展的一项重要战略，其目的是增强国家粮食生产的保障能力和稳定性，同时推动农业现代化和农村经济发展。小麦、玉米、水稻是我国的三大主要粮食作物，其生产对于国家的粮食安全至关重要。因此，建设小麦、玉米、水稻生产功能区也是非常必要的。对于各个粮食主产省份来说，这一政策的出台，为当地的粮食生产发展提供了有力的支持和指导。各个粮食主产省份应该抓住这一契机，积极响应国家政策，综合考虑当地资源禀赋和粮食生产的实际情况，加快建设符合国家标准的、具有较高农田质量的高标准基本农田，为实现机械化作业创造条件，提高农田单位面积产出的同时保护农业生态环境和资源。完善水利等基础设施建设，提高粮食生产灌溉效率，增强应对自然灾害的能力。此外，根据市场需求和资源禀赋，合理调整粮食种植结构，提高粮食生产的效益和质量。在优化粮食生产结构的过程中，要注重科技创新和技术推广，提高农民的生产技能和管理水平。根据市场需要提供粮食生产全过程服务，构建重要农产品的社会化服务体系也是非常必要的。随着市场经济的发展和社会需求的不断增加，农业生产也需要向服务化、社会化方向发展。

粮食主产区农业科技的应用、产业体系的构建、农机装备和基础设施

建设等需要充足的资金支持，粮食主产区政府需要采取一系列措施，以保障粮食产量的稳中有升。第一，大力推广当地优势农产品种植，形成规模效应。各粮食主产区应该充分发挥其比较优势，通过推广当地的优势农产品种植，提高农民的种植收益，从而促进粮食生产的发展。同时，政府需要进一步完善财政支持政策，为农民提供生产所需的资金支持，鼓励他们种植优质农产品。第二，实施创新性金融政策，放宽金融参与主体，促进农村金融多元化发展。克服农民融资难、融资贵的困难，政府需要出台更加灵活的金融政策，为农民提供更多的融资渠道，提高农民的融资便利度，促进农村金融多渠道发展。第三，创新金融产品和服务，提高金融产品的适应性和灵活性，为农民提供更加个性化的金融服务，从而促进粮食生产的发展。第四，放宽农业贷款抵押物的范围，保证农民种粮资金投入。除了以上的措施之外，政府以信息化为依托，为每块高标准基本农田建立数据库，实行精准化管理，做到粮食生产全程可追踪，保障粮食质量安全。通过粮食生产功能区的建设，实现优势粮食品种的规模化种植，从而达到增加粮食产量和提高粮食质量，增强粮食商品输出能力，保障中国粮食安全的目的。

6.9 加强农村建设，建设高质量农民队伍

农村和农民的生产活动，为国家现代化建设提供了重要的物质基础和人力保障。农村和农民的存在，也为国家现代化建设提供了重要的市场和消费保障。因此，农村和农民是农业现代化建设的重要组成部分，农村和农民对农业发展有着不可忽视的作用。由于城市化进程的快速推进，农村地区的资源和人口流失，导致了农村经济的萎缩和农村社会的发展后劲不足。因此，加强乡村建设已成为社会各界所关注的焦点。农村建设是一个长期的过程，需要政府、企业和社会各方面的支持。第一，政府的投入在农村建设中起到至关重要的作用。随着工业化和国家经济的快速发展，形成工业反哺农业、城市支持农村的发展趋势，政府对农村的投资也逐渐加大，其中也包括对于农村基础设施建设的重视，增加对农村建设的资金支持、加大政策引导力度等，以鼓励更多的资金和人力资源投入农村建设

中。同时，加大对农业科技创新支持力度，引进更多的现代技术、设备和管理经验，提升农业生产效率和产品质量。第二，优质技术资源的引进也是农村建设的必要条件。现代科技和信息技术的快速发展，为农村的发展带来了新的机遇。政府可以通过引进优质技术资源，推动农业现代化，提高农业生产效率和产品质量。其中不仅包括农业科技，还包括信息技术、物流、金融等方面的资源。优质技术资源的引进，不仅可以带动农业的发展，还有利于农村经济的多元化发展。第三，政府可以通过财政补贴、税收优惠等方式来支持农村建设。财政补贴可以为农民提供更多的生产资金，减轻农民的经营负担。税收优惠也可以为企业提供更多的发展机会，带动乡村地区的经济发展。政府的财政补贴和税收优惠，不仅可以促进农村经济的发展，还可为乡村带来更多的就业机会。第四，企业和社会各界也需要积极参与乡村建设。如发起一些社会公益活动，主播带货助农，组织志愿者在农村开展各种文化、扶贫、抗灾等活动。同时，企业可以通过投资等方式，助力农村地区的发展。这些举措可以为农村地区带来更多的关注和资源，促进乡村治理体系的完善与创新。

从实证分析结果中发现，农民平均受教育年限的增加有利于提升粮食主产区粮食生产技术效率。农民是农业生产的主体，农民素质的全面提升，调动农民生产过程中的积极性、主动性和创造性成为推动生产发展的重要途径。着力提升农民素质，促进传统农民向高素质农民转变，打造一支高质量种粮队伍，需要各级政府和企业共同努力。首先，中国农村基础教育相对薄弱，农民平均受教育年限低于城镇居民，系统接受过农业专业技能培训的农民较少，制约了农业技术和机械装备的推广。改善办学条件，使农村孩子享受更多优质教学资源，职业教育强化涉农专业建设，培养高素质、高技能的农民，完善社会服务体系，为农民提供更好的技术服务和基础设施。其次，为了提升农民素质和促进传统农民向高素质农民转变，还需要进行针对性的培训和教育工作。政府和企业可以联合起来，在农村地区建立培训中心和创业孵化基地，为农民提供专业的技术培训和管理培训，以促进他们的自我提升和就业。另外，农民的文化教育水平是农村经济发展的重要因素，政府可以通过建立文化教育机构、开展文化教育活动等方式来提高农民的文化教育水平，通过鼓励企业和社会各方面的力量来参与农民的文化教育，提高农民的文化教育水平，并且政府可以通过建立农民组织、鼓励农民自主组织等方式来加强农民的组织建设。同时，政府可以通过鼓励企业和社会各方面的力量来参与农民的组织建设，提高农民的组织建设水平，最终打造一支高质量农民队伍。

6.10 完善农业产业链条，激发种粮主体活力

农业产业链条是指从农业生产、加工、销售到消费等环节的有机连接，是一个完整的生产流程。为推动现代粮食产业体系的构建，要积极探索粮食产业链向上游和下游的延伸，从优质种子、农药、化肥等农资，帮助农民提高种植技术和管理水平，到现代化的粮食加工设备和技术，挖掘从田园到餐桌全产业链条各个环节的增值空间，帮助农民实现增收，促进粮食生产增长。

第一，加强粮食品牌建设。品牌是企业的形象，也是企业的价值所在。对于农产品来说，品牌更是决定了产品的销售和附加值。因此，种粮主体应该注重品牌建设，打造自己的品牌形象。可以通过加强宣传、举办品牌活动、参加展会等方式提高品牌知名度。同时，可以通过与知名企业合作，共同打造品牌，提高品牌的影响力和美誉度。第二，提高农产品品质也是完善农业产业链条的关键。随着消费者对食品安全和品质的要求越来越高，农产品的品质也成为种粮主体的重要任务。可以通过科技创新、加强管理、提高技术水平等方式提高农产品品质。同时，可以通过加强与消费者的沟通，了解消费者的需求和反馈，不断改进产品的品质和口感。第三，完善农产品物流体系。物流是农产品从生产到销售的关键环节，直接影响到产品的价格和销售。因此，种粮主体应该注重物流体系的建设，提高物流效率和服务质量。可以通过建设冷链物流、优化配送网络、加强仓储管理等方式提高物流效率。同时，可以通过提供优质的物流服务，提高客户的满意度和忠诚度。第四，延伸粮食产业链。粮食产业链是农业产业链条的核心，涉及农产品的生产、加工、销售等各个环节。因此，种粮主体应该注重延伸粮食产业链，提高农产品的附加值和市场竞争力。可以

通过开发粮食加工业、推广农产品深加工、拓展农产品销售渠道等方式延伸粮食产业链。同时，可以通过加强与相关企业的合作，共同打造粮食产业链，提高产业链的整体效益和竞争力。第五，打造农产品供应链。供应链是农产品从生产到消费的全过程，涉及生产、加工、物流、销售等各个环节。因此，种粮主体应该注重打造农产品供应链，提高供应链的效率和服务质量。可以通过建设供应链信息平台、加强供应链管理、提高供应链服务水平等方式打造农产品供应链。同时，可以通过与相关企业的合作，共同推动供应链的协同发展，提高供应链的整体效益和竞争力。第六，构建完善的利益联结机制，加强农户和龙头企业的利益联系，提高小农户应对自然风险和市场风险的能力，促进农村一二三产业融合，让农民享受更多粮食全产业链条增值带来的收益，带动优质粮食种植。

6.11　促使惠农政策落实到位

为提高农民收入，保障农民种粮积极性，解决粮财倒挂问题，保障粮食生产稳中有增，国家出台一系列惠农政策，如耕地地力保护补贴、良种补贴、粮食直补等一系列补贴政策，粮食最低收购价格等粮食价格政策，完善农业社会化服务等支持新型经营主体发展政策等均是国家为了促进农村经济发展、农业繁荣、农民生活改善而制定的政策。然而，惠农政策的落实过程中却存在一定问题：政策宣传不够，农民不知晓甚至不理解；贯彻落实存在偏差；资金监管不严，执行成本过高等。那么，我们应该思考怎样才能真正地让惠农政策落实到农民手中。

第一，政府应该加大对惠农政策的宣传力度。很多农民并不了解惠农政策的具体内容，更不知道自己是否符合政策的条件。因此，政府应该通过各种渠道，如电视、广播、报纸、村委会等，向农民宣传惠农政策的内容和条件，让农民了解政策，知道自己是否符合条件，从而积极申请政策。第二，政府应该建立健全惠农政策执行机制。惠农政策的执行需要一系列配套措施，如资金、技术、管理等方面的支持。因此，政府应该建立健全执行机制，明确责任分工，加强监督管理，确保政策能够真正落实到位。同时，政府还应该加强对执行机制的宣传，让农民了解政策执行的具体流程和相关部门的联系方式，方便农民在遇到问题时及时寻求帮助。第三，政府应该加大对农民的培训和帮扶力度。很多农民虽然符合政策条件，但由于缺乏相关知识和技能，无法充分利用政策所提供的资源和支持。因此，政府应该加大对农民的培训和帮扶力度，提高农民的技能和知识水平，让农民能够更好地利用政策所提供的资源和支持，从而提高农民的收入和生活水平。第四，政府应该加强对惠农政策的监督和评估。惠农政策的执行情况需要得到及时的监督和评估，以便及时发现问题，及时解决问题。因此，政府应该建立健全监督和评估机制，加强对政策执行情况的监督和评估，及时发现和解决问题，从而确保政策能够真正落实到位。第五，政府应该加强与农民的沟通和交流。政府应该与农民建立良好的沟通渠道，了解农民的需求和意见，及时解决农民的问题，让农民感受到政府的关心和支持。同时，政府应该加强与农民的交流，并且安排专业人员进行政策落实，加强政府和农民之间的联系，更好地了解农村社会的状况，听取农民的意见和建议，不断改进惠农政策，使政策更加符合农民的实际需求。

7 结论与展望

7.1 主要结论

本研究选取 2004—2021 年中国粮食主产区粮食生产的面板数据，运用随机前沿分析方法分别建立随机前沿生产函数模型和效率损失模型，对中国粮食主产区的粮食生产技术效率进行客观评价，并对影响粮食生产技术效率的因素进行分析。主要得出以下结论：

第一，在设定的模型估计结果中，γ 值为 0.975 3 并在 1% 的水平下通过统计检验，说明中国粮食主产区粮食生产的实际产出与理想产出有 97.53% 是由技术非效率造成的，只有 2.47% 是由统计误差造成的，同时，多数投入要素及影响因素通过显著性检验。这说明运用随机前沿生产函数模型研究粮食主产区粮食生产技术效率具有合理性、有效性和必要性。

第二，中国粮食主产区 2004—2021 年的粮食生产技术效率均值为 85.76%，即中国粮食主产区粮食生产的实际产出与理想产出之间存在 14.24% 的差距，说明中国粮食主产区粮食生产投入要素没有得到最充分的利用，投入要素结构有待调整。13 个粮食主产省份中，吉林省的粮食生产技术效率最高，内蒙古自治区最低。江西省、黑龙江省、河北省、安徽省和内蒙古自治区的平均技术效率低于粮食主产区总体均值。总体而言，2004—2021 年中国粮食主产区在粮食生产过程中并不存在技术进步，甚至有技术恶化的迹象，但并不显著。由生产函数模型估计结果可知，

2004—2021年中国粮食主产区粮食生产投入要素中，粮食生产从业人员和化肥投入量的增加不能够增加粮食产量，说明劳动力数量和化肥施用量存在冗余；扩大粮食播种面积能够大幅度增加粮食主产区的产量，粮食生产的机械总动力的增加对粮食产量的增加也做出了突出贡献。

第三，在效率损失因素分析中得出结论。增加人均粮食种植面积，推进粮食生产规模化经营；完善农村水利设施，采用先进的灌溉技术，提高有效灌溉率；千方百计增加农村居民人均可支配收入，提高农民在粮食生产过程的投资经营能力；加强农田水利等基础设施建设，提高防灾抗灾能力，提高有效灌溉率；普及基础教育，加强职业教育，提高种粮农民的文化程度；优化财政支农结构，合理分配支农资金，提高财政支农资金使用效率。以上因素与效率损失均呈现负相关，即通过多方面提高以上因素的合理投入，能够有效提高主产区的粮食生产技术效率。此外，劳均机械使用量是造成效率损失的因素之一，原因可能在于耕地地形为山地丘陵和耕地细碎化程度高等导致粮食生产机械使用效率不高，推广程度低。城镇化率的提高也对粮食生产技术效率产生了负面影响，原因可能在于城镇化和工业化大量占用耕地，使人均耕地面积减少，并且农村城镇化的过程中出现土地撂荒、种植粮食人口老龄化现象。

第四，针对随机前沿生产函数模型和效率损失模型估计结果，分析了粮食主产区粮食生产技术效率及影响因素，从农户内生发展路径、政府外援支持路径和多重相关路径三个方面综合探究提升中国粮食主产区粮食生产技术效率的路径，并提出了政策建议：加快集约化生产模式推广，优化各项投入要素组合；加快建立并完善粮食生产保障机制；全面深化供给侧结构性改革，优化粮食收储制度；加大技术研发推广力度；完善土地流转制度，推进粮食规模化经营；完善灾害防控体系建设，建立风险分担机制；加大粮食主产区生态环境养护力度；优化粮食生产布局，激发农业金融市场活力；加强农村建设，建设高质量农民队伍等。

7.2　未来展望

回首过去，18年间中国粮食生产取得举世瞩目的成就，粮食生产能力显著提升，食物供应体系逐渐完善，人民不仅实现了吃得饱的愿望，营养健康状况大为改善，粮食产量实现"十九"连丰，中国口粮实现基本自给，中国粮食主产区为保障粮食安全做出突出贡献。针对中国粮食主产区的粮食生产情况，本研究在统计数据的基础上，大量阅读前人研究成果，选用了随机前沿生产分析法，对中国粮食主产区粮食生产技术效率进行评价，并对影响技术效率的因素进行分析，探究中国粮食主产区粮食生产技术效率提升路径，鉴于本人学术水平和能力有限，本研究不可避免地存在一些不足之处。展望未来，需要从以下几个方面对中国粮食生产情况作进一步研究：

第一，影响粮食生产技术效率的还有很多其他方面的因素，如耕地细碎化程度、种粮农民的年龄结构、光照条件、降水情况、土壤肥力等因素均对粮食生产效率产生影响，由于受到数据的可获得性的影响，影响因素的选取不够全面，此项有望在未来的研究中通过实地调研的方式继续进行探讨。

第二，本研究中规避了市场价格对粮食生产的影响，但随着我国市场经济体系日益完善，粮食生产过程中的各项投入产出因素及影响因素都会受到市场价格的影响，未来的研究可以在市场经济的视角下，搜集价格信息数据，全面分析市场经济环境对粮食生产的影响。

第三，粮食是一个大品种概念，不同品种在种植结构、劳动力使用以及所需生产条件方面均存在一定差异，进行整体测算可能会忽略地区某些优势或劣势因素，未来考虑在实证部分增加对分品种分地区粮食作物技术效率测算分析。一方面考虑是数据来源，通过农产品成本收益年鉴可以得到分品种农作物更加确切的投入要素数据，使得计算结果更加准确；另一方面，可以得到分品种粮食作物生产技术效率空间布局，为生产结构优化调整提供决策依据，增加研究的创新点。

第四，本研究是在较为宏观的层面研究中国粮食主产区整体的粮食生产技术效率及影响因素情况，在效率影响变量的选择上也局限于宏观层面的统计变量，对耕地细碎化、技术吸收能力等微观层面的变量未纳入分析框架。在未来的研究中可以在较为微观的层面上具体研究具体省份、市、县，选定更为微观效率影响变量的视角，针对某一地区的实际情况，因地制宜提出更具针对性的政策建议。

第五，粮食生产的环境问题日益突出，化肥施用量也存在冗余情况，合理使用化肥、农药，保护粮食生产生态环境，推动粮食生产朝着绿色、集约发展是推动农业整体朝着可持续方向发展的重要举措。因此针对环境污染对粮食生产的影响的研究是十分有意义的。在对粮食生产研究的过程中可以重点考虑环境污染因素科学测算，并将其列入粮食生产技术效率影响因素评价体系。

参考文献
REFERENCES

曹芳萍，沈小波，2012. 我国粮食生产全要素化肥效率研究［J］. 价格理论与实践（2）：26 - 27.

曹慧，赵凯，2017. 粮食主产区粮食生产技术效率时空特征分析［J］. 华东经济管理，31（12）：82 - 90.

常春水，宿桂红，2014. 吉林省粮食生产技术效率的测算及影响因素［J］. 贵州农业科学，42（10）：275 - 278.

陈发棣，2023. 持续加强农业科技创新［J］. 群众，700（6）：6 - 7.

陈飞，范庆泉，2010. 农业政策、粮食产量与粮食生产调整能力［J］. 经济研究（11）：101 - 114.

陈红，王会，2018. 环境要素对我国粮食生产效率影响的实证研究［J］. 林业经济，40（1）：75 - 81，104.

陈科生，2022. 技术创新理论视角下广东跨境电商的发展路径研究［J］. 中国商论，865（18）：33 - 36.

成德宁，杨敏，2015. 农业劳动力结构转变对粮食生产效率的影响［J］. 西北农林科技大学学报（社会科学版），15（4）：18 - 26.

丛杰宇，贾德辉，2022. 农业供给侧改革下粮食流通发展研究［J］. 现代食品，28（9）：1 - 3，17.

崔奇峰，周宁，蒋和平，2012. 粮食主产区利益补偿必要性分析：基于主产区与非主产区粮食生产及经济发展水平差距的视角［J］. 中国农学通报，29（32）：118 - 124.

丁昱栋，2023. 我国农业保险对粮食安全的影响研究［D］. 石家庄：河北经贸大学.

冯静，杨静，姜会明，2015. 吉林省粮食大县（市）粮食生产效率分析［J］. 吉林农业大学学报，37（4）：493 - 498.

冯义源，2023. 乡村振兴背景下劳动力结构对农业生产技术效率的影响研究［D］. 太原：山西财经大学.

高明，马铃，2015. 贫困视角下粮食生产技术效率及其影响因素：基于 EBM - Goprobit 二步法模型的实证研究［J］. 中国农村观察（4）：49 - 60.

高嵩，2020. 林甸县农户粮食生产技术效率及其影响因素研究 [D]. 大庆：黑龙江八一农垦大学.

郭淑敏，马帅，陈印军，2007. 我国粮食主产区粮食生产影响因素研究 [J]. 农业现代化研究（1）：83－87.

韩冬日，吕晓丽，董会忠，等，2023. 数字技术对降碳减污协同增效的门槛效应 [J]. 资源科学，45（11）：2130－2143.

韩冬日，石孖祎，丁莹莹，2023. 数字经济及其内部耦合协调发展对区域经济韧性的影响研究 [J]. 经济体制改革（3）：72－79.

贺美玲，涂光楠，黄珍，等，2020. 财政补贴助力农业保险机制分析及其体系优化建议 [J]. 时代金融，773（19）：81－82.

胡逸文，霍学喜，2016. 农户禀赋对粮食生产技术效率的影响分析：基于河南农户粮食生产数据的实证 [J]. 经济经纬，33（2）：42－47.

胡逸文，霍学喜，2017. 不同规模农户粮食生产效率研究 [J]. 统计与决策（17）：105－109.

宦梅丽，戴瑶，2023. 农机服务、技术引入与中国粮食生产技术效率 [J]. 商业研究（2）：145－152.

黄晨舒，2022. 新时代广西粮食安全风险应对和综合保障能力对策研究 [D]. 南宁：广西大学.

黄程琳，2022. 河南省粮食生产效率及影响因素研究 [D]. 郑州：河南财经政法大学.

黄峰华，李晓晨，张研，等，2022. 黑龙江省粮食生产效率及玉米生产主体效率实证分析 [J]. 玉米科学，30（3）：184－190.

黄金波，周先波，2010. 中国粮食生产的技术效率和全要素生产率增长：1978—2008 [J]. 南方经济（9）：40－52.

黄炎忠，罗小锋，李兆亮，等，2021. 农户兼业对粮食生产效率的非线性影响 [J]. 资源科学，43（8）：1605－1614.

吉星星，2016. 我国水稻主产区生产效率及技术进步模式研究 [D]. 北京：中国农业科学院.

贾琳，2017. 农户粮食经营规模及其技术效率研究 [D]. 北京：中国农业科学院.

贾小虎，2023. 加强农业基础设施建设夯实农业强国建设根基 [J]. 农村·农业·农民（B版），600（3）：8－9.

江艳军，王凯，2022. 农旅融合对粮食生产效率的异质性影响：基于124个地级市的实证检验 [J]. 农业现代化研究，43（1）：89－99.

姜宇博，李爽，于洋，等，2022. 黑龙江省粮食生产技术效率研究 [J]. 黑龙江农业科学，334（4）：85－89，99.

蒋文宁，陈振中，2023. 乡村振兴背景下订单式新型职业农民培训的新探索 [J]. 成人教育，43（7）：45-51.

金怀玉，菅利荣，2013. 中国农业全要素生产率测算及影响因素分析 [J]. 西北农林科技大学学报（哲学社会科学版）（2）：29-35.

亢霞，刘秀梅，2005. 我国粮食生产的技术效率分析 [J]. 中国农村观察（4）：25-32.

兰丁，2022. 四川省粮地经营规模对粮食生产效率的影响研究 [D]. 成都：四川师范大学.

李静，李晶瑜，2011. 中国粮食生产的化肥利用效率及决定因素研究 [J]. 农业现代化研究，32（5）：565-568.

李明，2016. 我国区域经济效率实证研究 [D]. 济南：山东大学.

李雪，2015. 熊彼特的企业家创新与创业劳动理论研究 [D]. 郑州：郑州大学.

李艳军，2022. 忻州市农业机械化服务对农户粮食生产效率的影响研究 [D]. 太原：山西农业大学.

李宗健，2011. 我国粮食生产的技术进步模式和技术效率影响因素 [D]. 大连：东北财经大学.

梁伟森，方伟，2021. 粮食产业高质量发展评价及其影响因素：基于广东省的经验证据 [J]. 江苏农业科学，49（12）：215-221.

刘春明，陈旭，2019. 我国粮食生产技术效率及影响因素研究：基于省际面板数据的 Translog-SFA 模型的分析 [J]. 中国农机化学报，40（8）：201-207.

刘峰，2021. 基于 DEA 模型的永城市粮食生产效率评价及提升研究 [D]. 洛阳：河南科技大学.

刘慧桢，2022. 农机服务对中国油菜生产影响的研究 [D]. 武汉：华中农业大学.

刘梦阳，2023. 我国粮食主产区粮食全要素生产率评价研究 [J]. 乡村科技，14（3）：50-54.

刘营，2022. 河南省粮食生产效率评价及影响因素研究 [D]. 洛阳：河南科技大学.

卢昆，郝平，2016. 基于 SFA 的中国远洋渔业生产效率分析 [J]. 农业技术经济（9）：84-91.

栾江，仇焕广，井月，等，2013. 我国化肥施用量持续增长的原因分解及趋势预测 [J]. 自然资源学报，28（11）：1869-1878.

栾义君，杨照，2015. 我国粮食生产效率及其区域差异分析 [J]. 经济论坛（7）：8-11.

罗光强，邱溆，2015. 提高我国粮食主产区粮食生产能力的对策 [J]. 经济纵横（3）：87-91.

罗光强，谭芳，2020. 粮食生产效率的区域差异及其政策效应的异质性 [J]. 农林经济管理学报，19（1）：34-43.

罗慧，2021. 中国粮食生产技术进步路径研究 ［D］. 北京：中国农业科学院．

马林静，欧阳金琼，王雅鹏，2014. 农村劳动力资源变迁对粮食生产效率影响研究 ［J］. 中国人口・资源与环境，24（9）：103-109.

马林静，王雅鹏，田云，2014. 中国粮食全要素生产率及影响因素的区域分异研究 ［J］. 农业现代化研究，35（4）：385-391.

马文杰，2010. 中国粮食综合生产能力研究 ［M］. 北京：科学出版社．

马文杰，冯中朝，2008. 中国生产影响因素分析：基于面板数据的实证研究 ［J］. 南方经济（1）：163-166.

满明俊，周民良，李同昇，2011. 西北地区的农户技术效率分析：基于陕、甘、宁的调查 ［J］. 经济经纬（2）：60-64.

孟晓霞，曹洪军，2016. 我国农业生产技术效率评价研究：基于修正的三阶段 DEA 模型 ［J］. 财经问题研究（4）：124-129.

闵锐，李谷成，2013. "两型"视角下我国粮食生产技术效率空间差异 ［J］. 经济地理，33（3）：144-149.

彭超，张琛，2020. 农业机械化对农户粮食生产效率的影响 ［J］. 华南农业大学学报（社会科学版），19（5）：93-102.

彭代彦，文乐，2015. 农村劳动力结构变化与粮食生产的技术效率 ［J］. 华南农业大学学报（社会科学版），14（1）：92-104.

钱煜昊，罗乐添，2021. 粮食安全、逆全球化与"走出去"战略：中国粮食产业的全球化布局策略研究 ［J］. 农村经济，466（8）：7-17.

乔世君，2004. 中国粮食生产技术效率的实证研究：随机前沿生产函数的应用 ［J］. 数理统计与管理，22（3）：11-64.

秦治领，赵敏娟，2014. 基于 SFA 的陕西省粮食生产技术效率分析 ［J］. 科技通报，30（1）：189-192.

曲朦，赵凯，周升强，2019. 耕地流转对小麦生产效率的影响：基于农户生计分化的调节效应分析 ［J］. 资源科学，41（10）：1911-1922.

全炯镇，2009. 中国农业全要素生产率增长的实证分析：1978—2007 年：基于随机前沿分析（SFA）方法 ［J］. 中国农村经济（9）：36-74.

申淑虹，牛文浩，李贤，等，2023. 耕地细碎化对粮食生产技术效率是否存在非线性影响：基于农户兼业的中介效应分析 ［J/OL］. 中国农业资源与区划，［06-08］. http：//hs. kns. cnki. net. zy. wfust. edu. cn：81/kcms/detail/11. 3513. S. 20230608. 1108. 004. html.

宋春晓，2023. 夯实农业基础设施 助力乡村振兴发展 ［J］. 农村・农业・农民（A 版），599（3）：17-18.

宿桂红，傅新红，2011. 中国粮食主产区水稻生产技术效率分析 ［J］. 中国农学通报，27

（2）：439－445.

孙昊，2014. 小麦生产技术效率的随机前沿分析：基于超越对数生产函数［J］. 农业技术经济（1）：42－48.

孙炜琳，刘佩，高春雨，2014. 我国淡水养殖渔业技术效率研究：基于随机前沿生产函数［J］. 农业技术经济（8）：108－117.

唐建，VILA J，2016. 粮食生产技术效率及影响因素研究：来自1990—2013年中国31个省份面板数据［J］. 农业技术经济，9：72－83.

田恬，2022. 吉林省中部粮食主产区农业发展格局、机制及提升路径研究［D］. 长春：中国科学院大学（中国科学院东北地理与农业生态研究所）.

佟光霁，邢策，焦晋鹏，2017. 我国商品粮主产区粮食综合生产能力提升路径选择研究［J］. 山东社会科学（10）：132－137.

王宝山，2018. 效率缺失视角下的总量生产函数估计研究［D］. 贵阳：贵州财经大学.

王兵，杨华，朱宁，2011. 中国各省份农业效率和全要素生产率增长：基于SBM方向性距离函数的实证分析［J］. 南方经济（10）：12－26.

王丹，刘春明，周杨，2021. 农业机械化对粮食生产技术效率影响：基于农机跨区服务的空间效应视角［J］. 中国农机化学报，42（4）：223－229.

王丽静，2017. 中国经济增长索洛余数解析［D］. 济南：山东财经大学.

王美知，魏凤，2021. 哈萨克斯坦粮食生产效率动态演进及区域差异［J］. 自然资源学报，36（3）：594－605.

王明利，吕新业，2006. 我国水稻生长率增长、技术进步与效率变化［J］. 农业技术经济（6）：24－29.

王娜，高瑛，王咏红，2015. 粮食主产区粮食能耗的技术效率分析［J］. 农业技术经济（11）：79－89.

王帅，赵荣钦，杨青林，等，2020. 碳排放约束下的农业生产效率及其空间格局：基于河南省65个村庄的调查［J］. 自然资源学报，35（9）：2092－2104.

温涛，董文杰，何茜，2018. 财政支农政策促进城乡经济一体化发展的效率评价与路径探析［J］. 当代经济研究，270（2）：63－72，97.

肖洪波，王济民，2012. 新世纪以来我国粮食综合技术效率和全要素生产率分析［J］. 农业技术经济（1）：36－46.

肖芸，赵敏娟，2013. 基于随机前沿分析的不同粮食生产规模农户生产技术效率及影响因素分析：以陕西关中农户为例［J］. 中国农学通报，29（15）：42－49.

效赛丽，朱秀英，赵亚娟，等，2015. 基于SFA的河南省粮食生产全要素生产率分析［J］. 河南农业大学学报（6）：862－865.

谢冬梅，汪希成，伍骏骞，2023. 农业机械化水平对中国粮食生产技术效率的空间溢出效应研究：基于农机跨区作业视角 [J]. 中国农机化学报, 44 (3)：223 - 231.

薛彩霞, 姚顺波, 郭亚军, 等, 2011. 陕西省吴起县农户种植技术效率及影响因素分析：基于随机前沿生产函数 [J]. 北京林业大学学报 (社会科学版), 10 (1)：65 - 69.

薛龙, 刘旗, 2012. 基于 DEA - Tobit 模型的河南省粮食生产效率分析 [J]. 河南农业大学学报, 46 (6)：700 - 704.

闫晗, 乔均, 邱玉琢, 2022. 生产性服务业发展能促进粮食生产综合技术效率提升吗：基于 2008—2019 年中国省级面板数据的实证分析 [J]. 南京社会科学 (2)：18 - 29.

阳欢, 李峰, 2011. 农村劳动力人均受教育年限与农收入关系分析：基于江西省 1991 — 2008 年的数据实证 [J]. 中国职业技术教育 (21)：50 - 53.

杨皓天, 刘秀梅, 句芳, 2016. 粮食生产效率的随机前沿函数分析：基于内蒙古微观农户层面 1312 户调研数据 [J]. 干旱区资源与环境, 30 (12)：82 - 88.

杨林, 许丹, 2011. 基于粮食生产效率的财政补贴政策地区差异化研究 [J]. 经济学动态 (12)：81 - 84.

杨庆, 蒋旭东, 闪辉, 等, 2019. 长江三角洲地区农产品主产区域粮食生产效率研究 [J]. 中国农业资源与区划, 40 (8)：141 - 148.

杨万江, 李琪, 2016. 我国农户水稻生产技术效率分析 [J]. 农业技术经济 (1)：71 - 81.

杨晓璇, 洪名勇, 潘东阳, 2018. 中国粮食生产效率的时空特征及空间依赖性分析 [J]. 中国农业资源与区划, 39 (11)：183 - 191.

杨欣, 2021. 山东省棉花生产技术效率及影响因素研究 [D]. 泰安：山东农业大学.

杨义武, 林万龙, 张莉琴, 2017. 农业技术进步、技术效率与粮食生产：来自中国省级面板数据的经验分析 [J]. 农业技术经济 (5)：46 - 56.

姚增福, 刘欣, 2012. 种粮大户粮食生产技术效率及影响因素实证分析：基于随机前沿生产函数与黑龙江省 460 户微观调查数据 [J]. 科技与经济, 4 (2)：60 - 64.

殷方升, 董莉莉, 王小博, 2012. 辽宁省粮食生产技术效率分析 [J]. 中国农业资源与区划, 33 (3)：18 - 22.

于元赫, 王越, 宫大卫, 2023. 山东省粮食生产效率时空演变及影响因素研究 [J]. 农业资源与环境学报, 40 (3)：728 - 738.

张国梅, 2022. 武安市谷子生产效率及其影响因素研究 [D]. 保定：河北农业大学.

张海鑫, 杨钢桥, 2012. 耕地细碎化及其对粮食生产技术效率的影响：基于超越对数随机前沿生产函数与农户微观数据 [J]. 资源科学, 34 (5)：903 - 910.

张利国, 鲍丙飞, 2016. 我国粮食主产区粮食全要素生产率时空演变及驱动因素 [J]. 经济地理, 36 (3)：147 - 152.

张梦柯, 2015. 河南省粮食生产技术效率测算 [D]. 郑州：河南大学.

张清学，2021. 黑龙江省农户玉米生产技术效率及提升对策研究 ［D］. 哈尔滨：东北农业大学.

张晓艳，王飞翔，白林红，等，2023. 山东省粮食生产效率与安全对策研究 ［J］. 山东农业科学，55（4）：155 - 162.

张宇青，2015. 主产区粮食补贴政策效应研究 ［D］. 南京：南京农业大学.

张云华，彭超，张琛，2019. 氮元素施用与农户粮食生产效率：来自全国农村固定观察点数据的证据 ［J］. 管理世界，35（4）：109 - 119.

张志新，孙振亚，林立，2022. 农业技术进步、规模效率与粮食安全：以东北三省粳稻、玉米为例 ［J］. 资源开发与市场，38（2）：178 - 185.

赵丽平，侯德林，王雅鹏，等，2016. 城镇化对粮食生产环境技术效率影响研究 ［J］. 中国人口·资源与环境（3）：153 - 162.

赵芝俊，袁丌智，2009. 中国农业技术进步贡献率测算及分解：1985—2005 ［J］. 农业经济问题（3）：28 - 36.

赵芝俊，张社梅，2006. 近 20 年中国农业技术进步贡献率的变动趋势 ［J］. 中国农村经济，22（3）：4 - 12.

周海文，王志刚，2021. "三量齐增"困境下除草剂使用对粮食生产效率提升研究 ［J］. 华中农业大学学报（社会科学版）（6）：44 - 53，188.

周琴，2018. 江西省农业科技进步贡献率实证研究 ［D］. 南昌：江西农业大学.

朱建军，张蕾，2019. 农地流转对粮食生产技术效率的影响研究：基于数量和质量双重视角 ［J］. 农林经济管理学报，18（1）：28 - 35.

朱丽莉，钟钰，2015. 我国粮食生产效率与区域差异的实证观察 ［J］. 统计与决策（17）：93 - 96.

ABOU - ALI H，EI - AYOUTI A，2014. Nile water pollution and technical efficiency of crop production in Egypt：an assessment using spatial a non - parametric modeling ［J］. Environmental and ecological statistics，21（2）：221 - 238.

AHMAD M，BRAVO - URETA B E，1996. Technical efficiency measures for dairy farms using panel data：a comparison of alternative model specifications ［J］. Journal of productivity analysis，7（4）：399 - 415.

AIGNER D，LOVELL C A K，SCHMIDT P，1977. Formulation and estimation of stochastic frontier production function models ［J］. Journal of econometrics，6（1）：21 - 37.

AKPAETI A J，UMOH G S，2015. Conflict，technical efficiency of resource poor farmers：a stochastic frontier analysis ［J］. Russian agricultural sciences，41（4）：299 - 304.

BALDE B S，KOBAYASHI H，NOHMI M，et al.，2014. An analysis of technical efficiency of mangrove rice production in the Guinean coastal area [J]. Journal of agricultural science, 6 (8): 179 – 196.

BATTESE G E, COELLI T J, 1995. A model for technical inefficiency effects in a stochastic frontier production function for panel date [J]. Empirical economics, 20 (2): 325 –332.

BATTESE G E, CORRA G S, 1977. Estimation of a production frontier model with application to the Pastoral Zone of Eastern Australia [J]. Australian journal of agricultural economics, 21 (3).

BINAM J N, TONYÈ J, WANDJI N, et al., 2004. Factors affecting the technical efficiency among smallholder famers in the slash and burn agriculture zone of Cameroon [J]. Food policy, 29: 531 – 545.

CHEN A Z, HUFFMAN W E, ROZELLE S, 2003. Technical efficiency of Chinese grain production: a stochastic production frontier approach [C] //2003 annual meeting, July 27 – 30, Montreal, Canada. American Agricultural Economics Association (New Name 2008: Agricultural and Applied Economics Association).

FARRELL M J, 1957. The measurement of production efficiency [J]. Journal of royal statistical society, 120 (3): 253 – 281.

GRAZHDANINOVA M, LERMAN Z, 2005. Allocative and technical efficiency of corporate farms in Russia [J]. Comparative economic studies, 47 (1): 200 – 213.

HAN X Y, et al., 2014. Off – farm employment and outsourcing production effects on the technical efficiency of farm households' grain production—a case with the data from Liaoning Province, China [J]. Applied mechanics & materials, 472: 1074 – 1078.

IVALDI M, PERRIGNE I, SIMIONI M, 1994. Productive efficiency of French grain producers: a latent variable model [J]. Journal of productivity analysis, 5 (3): 287 – 299.

KARIMOV A A, 2014. Factors affecting efficiency of cotton producers in rural Khorezm, Uzbekistan: re – examining the role of knowledge indicators in technical efficiency improvement [J]. Agricultural and food economics, 2 (7).

KUMBHAKAR S C, LIEN G, 2010. Impact of subsidies on farm productivity and efficiency [J]. The economic impact of public support to agriculture, 18: 109 – 124.

KUMBHAKAR S C, LIEN G, HARDAKER J B, 2014. Technical efficiency in competing panel data models: a study of Norwegian grain farming [J]. Journal of productivity analysis, 41 (2): 321 – 337.

KURKALOVA L A, CARRIQUIRY A, 2003. Input – and output – oriented technical efficiency of Ukrainian collective farms, 1989—1992: Bayesian analysis of a stochastic production frontier model [J]. Journal of productivity analysis, 20 (2): 191 – 211.

LI L, 2008. Multinationality and technical efficiency: a neglected perspective [J]. Management international review, 48 (1): 39 – 64.

LOSITSKA T, 2019. Methodical aspects of determining the efficiency of grain production in modern conditions [J].

LUIK H, SEILENTHAL J, RNIK R V, 2009. Measuring the input – orientated technical efficiency of Estonian grain farms in 2005—2007 [J]. Food Economics—Acta Agriculture Scandinavica, Section C, 6: 204 – 210.

MAJUMDER S, BALA B K, ARSHAD F M, et al., 2016. Food security through increasing technical efficiency and reducing postharvest losses of rice production systems in Bangladesh [J]. Food security, 8 (2): 361 – 374.

MEEUSEN W, BROECK J, 1997. Efficiency estimation from Cobb – Douglas production function with composed error [J]. International economic review, 18 (2): 435 – 444.

SALAM A, et al., 2022. Technical efficiency in production of major food grains in Punjab, Pakistan [J]. Asian development review.

SARAIKIN V A, YANBYKH R G, 2014. Analysis of changes in technical efficiency of Russian agricultural organizations during the reform period [J]. Studies on Russian economic development, 25 (4): 343 – 350.

YAO R T, SHIVELY G E, 2007. Technical change and productive efficiency: irrigated rice in the Philippines [J]. Asian economic journal, 21 (2).

ZHAO J H, LV P, 2023. A study on grain production efficiency and its influencing factors in Heilongjiang Province' based on Malmquist Index and Tobit Model' based on the "COVID - 19" [J]. Financial engineering and risk management, 6 (3).

附 录
APPENDIX

附表1 中国粮食生产基本情况

年份	农作物播种面积（万公顷）	粮食播种面积（万公顷）	占总播种面积的比例（%）	粮食产量（万吨）	人均粮食占有量（千克）
1949	12 428.6	10 995.9	88.472 6	11 318.40	208.90
1952	14 125.6	12 397.9	87.769 0	16 393.10	288.10
1957	15 724.4	13 363.3	84.984 5	19 504.50	306.00
1962	14 029.9	12 162.1	86.687 0	15 441.40	231.90
1965	14 329.1	11 962.7	83.485 4	19 452.50	272.00
1970	14 348.7	11 926.7	83.120 4	23 995.50	293.20
1975	14 954.5	12 106.2	80.953 6	28 451.50	310.50
1978	15 010.4	12 058.7	80.335 6	30 476.50	318.74
1979	14 847.6	11 926.3	80.324 8	33 211.50	342.74
1980	14 638.0	11 723.4	80.088 8	32 055.50	326.69
1981	14 515.7	11 495.8	79.195 6	32 502.00	327.02
1982	14 475.4	11 346.2	78.382 6	35 450.00	351.47
1983	14 399.3	11 404.7	79.203 2	38 727.50	378.45
1984	14 422.1	11 288.4	78.271 5	40 730.50	392.84
1985	14 362.6	10 884.5	75.783 6	37 910.80	360.70
1986	14 420.4	11 093.3	76.927 8	39 151.20	367.00
1987	14 495.7	11 126.8	76.759 3	40 473.10	373.36
1988	14 486.9	11 012.3	76.015 6	39 408.10	357.73
1989	14 655.4	11 220.5	76.562 2	40 754.90	364.32
1990	14 836.2	11 346.6	76.479 1	44 624.30	393.10
1991	14 987.9	11 231.4	74.936 4	43 529.30	378.26
1992	14 900.7	11 056.0	74.197 9	44 265.80	379.97

（续）

年份	农作物播种 面积（万公顷）	粮食播种 面积（万公顷）	占总播种 面积的比例（％）	粮食产量 （万吨）	人均粮食 占有量（千克）
1993	14 774.1	11 050.9	74.799 1	45 648.80	387.37
1994	14 824.1	10 954.4	73.895 9	44 510.10	373.46
1995	14 987.9	11 006.0	73.432 8	46 661.80	387.28
1996	15 238.1	11 254.8	73.859 6	50 453.50	414.39
1997	15 396.9	11 291.2	73.334 2	49 417.10	401.74
1998	15 570.6	11 316.1	72.676 1	51 229.53	412.50
1999	15 637.3	10 846.3	69.361 7	50 838.58	405.82
2000	15 630.0	10 846.3	69.393 8	46 217.52	366.04
2001	15 570.8	10 608.0	68.127 5	45 263.67	365.89
2002	15 463.6	10 389.1	67.184 2	45 705.75	356.96
2003	15 241.5	9 941.0	65.223 2	43 069.53	334.29
2004	15 355.3	10 160.6	66.170 0	46 946.95	362.22
2005	15 548.8	10 427.8	67.065 0	48 402.19	371.26
2006	15 214.9	10 495.8	68.983 7	49 804.23	379.89
2007	15 301.0	10 563.8	69.039 9	50 413.85	382.54
2008	15 556.6	10 679.3	68.648 0	53 434.29	403.38
2009	15 724.2	10 898.6	69.311 0	53 940.86	405.19
2010	15 857.9	10 987.6	69.287 9	55 911.31	417.96
2011	16 036.0	11 057.3	68.953 0	58 849.33	437.53
2012	16 207.1	11 120.5	68.615 0	61 222.62	452.10
2013	16 370.2	11 195.6	68.390 1	63 048.20	462.49
2014	16 518.3	11 272.3	68.241 3	63 964.83	466.26
2015	16 682.9	11 334.3	67.939 6	66 060.27	478.75
2016	16 693.9	11 923.0	71.421 4	66 043.51	475.89
2017	16 633.2	11 798.9	70.935 9	66 160.73	473.86
2018	16 590.2	11 703.8	70.546 6	65 789.22	469.00
2019	16 593.1	11 606.4	69.946 9	66 384.34	471.57
2020	16 748.7	11 666.7	69.657 1	66 949.15	474.45
2021	16 869.5	11 763.2	69.730 6	68 284.75	483.50
2022	16 692.0	11 833.2	70.891 4	68 653.00	486.30

附表 2　2021 年中国粮食主产区复种指数

省份	耕地面积（万公顷）	农作物播种面积（万公顷）	复种指数
河北省	6 034.2	809.72	1.34
内蒙古自治区	11 496.5	874.33	0.76
辽宁省	5 182.0	432.89	0.84
吉林省	7 498.5	618.71	0.83
黑龙江省	17 195.4	1 506.50	0.88
江苏省	4 089.7	751.44	1.84
安徽省	5 546.9	888.68	1.60
江西省	2 721.6	567.29	2.08
山东省	6 461.9	1 094.86	1.69
河南省	7 514.1	1 470.51	1.96
湖北省	4 768.6	810.92	1.70
湖南省	3 629.2	850.43	2.34
四川省	5 227.2	999.99	1.91

附表 3　中国粮食主产区粮食产量情况统计

年份	全国粮食产量（万吨）	粮食主产区粮食产量（万吨）	非主产区粮食产量（万吨）	粮食主产区粮食产量占比（%）
2004	46 947	34 115	12 832	72.67
2005	48 402	35 443	12 959	73.23
2006	49 804	36 824	12 980	73.94
2007	50 160	37 649	12 511	75.06
2008	52 871	39 918	12 953	75.50
2009	53 082	39 710	13 372	74.81
2010	54 648	41 184	13 464	75.36
2011	57 121	43 421	13 700	76.02
2012	58 958	44 610	14 348	75.66
2013	60 194	44 154	16 040	73.35
2014	60 703	46 021	14 682	75.81
2015	62 144	47 341	14 803	76.18
2016	61 625	46 777	14 848	75.91
2017	66 161	52 138	14 023	78.80
2018	65 789	51 769	14 020	78.69
2019	66 384	52 371	14 013	78.89
2020	66 949	52 598	14 351	78.56
2021	68 285	53 603	14 682	78.50

附表 4 中国粮食主产区粮食播种面积对比统计

年份	主产区农作物播种面积（万公顷）	主产区粮食播种面积（万公顷）	主产区粮食播种面积占农作物播种面积的比重（%）	非主产区农作物播种面积（万公顷）	非主产区粮食播种面积（万公顷）	主产区粮食播种面积占全国的比重（%）	全国农作物播种面积（万公顷）	全国粮食播种面积（万公顷）
2004	10 404.52	7 038.76	67.65	4 950.78	3 121.84	69.28	15 355.3	10 160.6
2005	10 529.68	7 256.81	68.92	5 019.12	3 170.99	69.59	15 548.8	10 427.8
2006	10 641.39	7 373.87	69.29	4 573.51	3 121.93	70.26	15 214.9	10 495.8
2007	10 597.84	7 615.64	71.86	4 703.16	2 984.26	72.09	15 301.0	10 599.9
2008	10 744.27	7 671.69	71.40	4 812.33	3 082.81	71.84	15 556.6	10 754.5
2009	10 869.01	7 801.02	71.77	4 855.19	3 224.48	71.58	15 724.2	11 025.5
2010	11 006.24	7 854.95	71.37	4 851.66	3 314.55	71.49	15 857.9	11 169.5
2011	11 074.86	7 910.41	71.43	4 961.14	3 387.59	71.54	16 036.0	11 298.0
2012	11 123.06	7 961.72	71.58	5 084.04	3 475.08	71.59	16 207.1	11 436.8
2013	11 170.32	8 023.22	71.83	5 199.88	3 567.58	71.66	16 370.2	11 590.8
2014	11 223.07	8 108.02	72.24	5 295.07	3 637.48	71.93	16 518.3	11 745.5
2015	11 258.61	8 164.68	72.52	5 424.29	3 731.62	72.04	16 682.9	11 896.3
2016	11 274.75	8 151.25	72.30	5 419.15	3 771.75	72.11	16 693.9	11 923.0
2017	11 603.70	8 873.52	76.47	5 029.50	2 925.38	75.21	16 633.2	11 798.9
2018	11 536.91	8 831.07	76.55	5 053.29	2 872.73	75.45	16 590.2	11 703.8
2019	11 514.57	8 765.37	76.12	5 078.53	3 455.54	75.52	16 593.1	11 606.4
2020	11 606.34	8 806.99	75.88	5 142.36	3 445.31	75.42	16 748.7	11 676.8
2021	11 776.27	8 856.85	75.21	5 093.23	2 906.25	75.29	16 869.5	11 763.1

附表 5 中国粮食主产区农村人均可支配收入统计

单位：元

年份	河北省	内蒙古自治区	辽宁省	吉林省	黑龙江省	江苏省	安徽省	江西省
2004	3 171.1	2 606.4	3 307.1	2 999.6	3 005.2	4 753.9	2 499.3	2 786.8
2005	3 481.6	2 988.9	3 690.2	3 264.0	3 221.3	5 276.3	2 641.0	3 128.9
2006	3 801.8	3 341.9	4 090.4	3 641.1	3 552.4	5 813.2	2 969.1	3 459.5
2007	4 293.4	3 953.1	4 773.4	4 191.3	4 132.3	6 561.0	3 556.3	4 044.7
2008	4 795.5	4 656.2	5 576.5	4 932.7	4 855.6	7 356.5	4 202.5	4 697.2
2009	5 149.7	4 937.8	5 958.0	5 265.9	5 206.8	8 003.5	4 504.3	5 075.0

（续）

年份	河北省	内蒙古自治区	辽宁省	吉林省	黑龙江省	江苏省	安徽省	江西省
2010	5 958.0	5 529.6	6 907.9	6 237.4	6 210.7	9 118.2	5 285.2	5 788.6
2011	7 119.7	6 641.6	8 296.5	7 510.0	7 590.7	10 805.0	6 232.2	6 891.6
2012	8 081.4	7 611.3	9 383.7	8 598.2	8 603.8	12 202.0	7 160.5	7 829.4
2013	9 187.7	8 984.9	10 161.2	9 780.7	9 369.0	16 256.7	8 850.0	9 088.8
2014	10 186.1	9 976.3	11 191.5	10 780.1	10 453.2	14 958.4	9 916.4	10 116.6
2015	11 050.5	10 775.9	12 056.9	11 326.2	11 095.2	13 521.3	10 820.7	11 139.1
2016	11 919.4	11 609.0	12 880.7	12 122.9	11 831.9	17 605.6	11 720.5	12 137.7
2017	12 880.9	12 584.3	13 746.8	12 950.4	12 664.8	19 158.0	12 758.2	13 241.8
2018	14 030.9	13 802.6	14 656.3	13 748.2	13 803.7	20 845.1	13 996.0	14 459.9
2019	15 373.1	15 282.8	16 108.3	14 936.0	14 982.1	22 675.4	15 416.0	15 796.3
2020	16 467.0	16 566.9	17 450.3	16 067.0	16 168.4	24 198.5	16 620.2	16 980.8
2021	18 171.9	18 336.8	19 216.6	17 641.7	17 889.3	26 790.8	18 371.7	18 684.2

年份	山东省	河南省	湖北省	湖南省	四川省	主产区	全国
2004	3 507.4	2 553.2	2 890.0	2 837.8	2 518.9	3 141.2	2 936.4
2005	3 930.6	2 870.6	3 099.2	3 117.7	2 802.8	3 461.5	3 254.9
2006	4 368.3	3 261.0	3 419.4	3 389.6	3 002.4	3 833.7	3 587.0
2007	4 985.3	3 851.6	3 997.5	3 904.2	3 546.7	4 438.2	4 140.4
2008	5 641.4	4 454.2	4 656.4	4 512.5	4 121.2	5 134.1	4 760.6
2009	6 118.8	4 807.0	5 035.3	4 909.0	4 462.1	5 512.6	5 153.2
2010	6 990.3	5 523.7	5 832.3	5 622.0	5 086.9	6 379.5	5 919.0
2011	8 342.1	6 604.0	6 897.9	6 567.1	6 128.6	7 635.9	6 977.3
2012	9 446.5	7 524.9	7 851.7	7 440.2	7 001.4	8 683.8	7 916.6
2013	10 686.9	8 969.1	9 691.8	9 028.6	8 380.7	10 209.9	9 429.6
2014	11 882.3	9 966.1	10 849.1	10 060.2	9 347.7	10 947.3	10 488.9
2015	12 930.4	10 852.9	11 843.9	10 992.5	10 247.4	11 473.2	11 421.7
2016	13 954.1	11 696.7	12 725.0	11 930.4	11 203.1	12 728.5	12 363.4
2017	15 117.5	12 719.2	13 812.1	12 935.8	12 226.9	13 748.2	13 432.4
2018	16 297.0	13 830.7	14 977.8	14 092.5	13 331.4	14 917.8	14 617.0
2019	17 775.5	15 163.7	16 390.9	15 394.8	14 670.1	16 321.3	16 021.0
2020	18 753.2	16 107.9	16 305.9	16 584.6	15 929.1	17 564.9	17 131.0
2021	20 793.9	17 533.3	18 259.0	18 295.2	17 575.3	19 387.9	18 931.0

附表 6　中国粮食主产区粮食生产投入产出指标原始数据

年份	粮食主产区	产量（万吨）	粮食播种面积（万公顷）	从事粮食生产劳动人员（万人）	粮食生产机械总动力（万千瓦）	粮食生产化肥施用量（万吨）
2004	河北省	2 480.00	600.340	528.19	5 616.51	200.15
	内蒙古自治区	1 505.00	418.110	178.72	1 250.86	73.68
	辽宁省	1 720.00	290.670	216.68	1 259.85	92.04
	吉林省	2 510.00	431.210	225.75	1 160.47	139.90
	黑龙江省	3 001.00	845.800	329.54	1 669.78	123.00
	江苏省	2 829.00	477.460	363.10	1 900.45	209.69
	安徽省	2 743.00	631.220	630.49	2 596.42	190.46
	江西省	1 663.00	335.010	289.14	947.09	79.83
	山东省	3 517.00	617.630	693.22	5 080.92	261.83
	河南省	4 260.00	897.010	1 138.02	4 892.43	320.82
	湖北省	2 100.00	371.240	311.81	914.94	146.25
	湖南省	2 640.00	475.410	544.12	1 762.66	122.50
	四川省	3 147.00	647.650	716.13	1 384.49	148.12
2005	河北省	2 598.60	624.020	523.18	6 028.32	215.50
	内蒙古自治区	1 662.20	437.360	180.03	1 352.39	82.11
	辽宁省	1 745.80	305.200	211.29	1 541.88	96.38
	吉林省	2 581.20	429.450	214.66	1 275.41	119.71
	黑龙江省	3 092.00	865.080	331.82	1 916.55	129.46
	江苏省	2 834.60	490.950	340.67	2 014.44	218.97
	安徽省	2 605.30	641.090	606.65	2 784.38	199.68
	江西省	1 757.00	344.130	278.34	1 167.31	84.80
	山东省	3 917.40	671.170	695.25	5 750.97	292.32
	河南省	4 582.00	915.340	1 112.36	5 216.29	340.62
	湖北省	2 177.40	392.680	312.01	1 109.84	154.17
	湖南省	2 678.60	483.860	545.65	1 934.75	127.31
	四川省	3 211.10	656.480	677.38	1 510.77	152.97

（续）

年份	粮食主产区	产量（万吨）	粮食播种面积（万公顷）	从事粮食生产劳动人员（万人）	粮食生产机械总动力（万千瓦）	粮食生产化肥施用量（万吨）
2006	河北省	2 702.80	619.940	537.72	6 212.45	215.34
	内蒙古自治区	1 704.90	446.190	185.46	1 463.62	91.06
	辽宁省	1 725.00	315.640	221.59	1 671.97	101.46
	吉林省	2 720.00	432.550	224.08	1 364.43	127.30
	黑龙江省	3 346.40	902.370	337.30	2 215.95	139.82
	江苏省	3 041.40	498.510	330.05	2 148.01	224.08
	安徽省	2 860.70	649.350	628.96	3 010.57	208.96
	江西省	1 854.50	353.490	280.22	1 408.54	87.38
	山东省	4 048.80	679.750	69.57	6 054.49	310.36
	河南省	5 010.00	930.310	1 108.47	5 449.23	354.42
	湖北省	2 210.10	406.710	327.15	1 252.26	161.84
	湖南省	2 706.20	480.730	549.21	2 046.50	127.85
	四川省	2 893.40	658.330	637.02	1 597.19	155.41
2007	河北省	2 841.60	616.820	561.80	6 511.66	222.34
	内蒙古自治区	1 810.70	511.990	198.15	1 672.91	106.24
	辽宁省	1 835.00	312.720	222.46	1 639.38	107.65
	吉林省	2 453.80	433.470	203.71	1 471.47	135.37
	黑龙江省	3 462.90	1 082.050	350.85	2 532.95	159.33
	江苏省	3 132.20	521.560	329.70	2 388.51	240.79
	安徽省	2 901.40	647.780	610.83	3 318.17	223.15
	江西省	1 904.00	352.530	262.51	1 684.52	89.19
	山东省	4 148.80	693.650	689.10	6 414.79	323.59
	河南省	5 254.20	946.800	1 136.59	5 859.58	382.88
	湖北省	2 185.40	398.140	297.58	1 444.80	169.85
	湖南省	2 692.20	453.130	547.47	2 258.94	134.64
	四川省	3 027.00	645.000	596.57	1 754.00	165.59

（续）

年份	粮食主产区	产量 （万吨）	粮食播种 面积 （万公顷）	从事粮食 生产劳动 人员（万人）	粮食生产 机械总动力 （万千瓦）	粮食生产 化肥施用量 （万吨）
2008	河北省	2 905.80	615.810	524.91	6 732.13	220.79
	内蒙古自治区	2 131.30	525.450	189.55	2 128.67	118.02
	辽宁省	1 860.30	303.590	193.58	1 648.79	103.96
	吉林省	2 840.00	439.120	200.09	1 581.40	143.91
	黑龙江省	4 225.00	1 098.890	331.54	2 743.86	164.26
	江苏省	3 175.50	526.710	305.83	2 546.41	239.01
	安徽省	3 023.30	656.110	569.07	3 513.86	224.68
	江西省	1 958.10	357.810	245.97	1 977.62	89.27
	山东省	4 260.50	695.560	664.09	6 688.08	307.78
	河南省	5 365.50	960.000	1 055.80	6 398.44	408.30
	湖北省	2 227.20	390.670	251.35	1 486.87	174.20
	湖南省	2 805.00	458.880	499.77	2 459.02	136.62
	四川省	3 140.00	643.090	612.27	1 831.04	165.42
2009	河北省	2 910.20	621.650	596.61	7 060.35	226.39
	内蒙古自治区	1 981.70	542.400	192.71	2 263.93	134.19
	辽宁省	1 591.00	312.410	180.26	1 708.21	106.50
	吉林省	2 460.00	442.770	192.66	1 745.18	151.91
	黑龙江省	4 353.00	1 139.100	345.85	3 194.29	186.79
	江苏省	3 230.10	527.200	312.51	2 657.97	239.95
	安徽省	3 069.90	660.560	580.80	3 734.68	228.66
	江西省	2 002.60	360.460	244.94	2 251.97	91.05
	山东省	4 316.30	703.010	700.62	7 227.27	308.44
	河南省	5 389.00	968.360	1 101.11	6 703.97	429.30
	湖北省	2 309.10	401.250	261.77	1 629.63	181.40
	湖南省	2 902.70	479.910	557.86	2 604.67	138.60
	四川省	3 194.60	641.940	716.15	2 000.14	167.99

（续）

年份	粮食主产区	产量（万吨）	粮食播种面积（万公顷）	从事粮食生产劳动人员（万人）	粮食生产机械总动力（万千瓦）	粮食生产化肥施用量（万吨）
2010	河北省	2 975.90	628.220	602.32	7 314.70	232.67
	内蒙古自治区	2 158.20	549.870	207.30	2 382.13	139.15
	辽宁省	1 765.40	317.930	190.09	1 754.94	109.34
	吉林省	2 842.50	449.220	202.29	1 845.44	157.27
	黑龙江省	5 012.80	1 145.470	344.65	3 520.69	202.50
	江苏省	3 235.10	528.240	314.84	2 729.59	236.47
	安徽省	3 080.50	661.640	581.20	3 953.59	233.72
	江西省	1 954.70	363.910	239.38	2 537.11	91.75
	山东省	4 335.70	708.480	720.39	7 615.79	311.27
	河南省	5 437.10	974.020	1 139.03	6 969.77	447.89
	湖北省	2 315.80	406.840	251.27	1 714.84	178.45
	湖南省	2 847.50	480.910	584.89	2 722.65	138.49
	四川省	3 222.90	640.200	729.66	2 130.96	167.50
2011	河北省	3 172.60	628.610	582.07	7 414.90	233.78
	内蒙古自治区	2 387.50	556.150	207.02	2 481.75	138.37
	辽宁省	2 035.50	316.980	182.54	1 834.96	110.56
	吉林省	3 171.00	454.510	199.14	2 049.62	169.89
	黑龙江省	5 570.60	1 150.290	356.50	3 856.42	214.95
	江苏省	3 307.80	531.920	287.59	2 850.14	234.06
	安徽省	3 135.50	662.150	543.06	4 151.49	241.95
	江西省	2 052.80	365.010	234.99	2 794.05	93.67
	山东省	4 426.30	714.580	675.89	7 956.64	311.47
	河南省	5 542.50	985.990	1 062.93	7 271.73	465.87
	湖北省	2 388.80	412.210	246.42	1 837.90	182.65
	湖南省	2 939.40	487.960	574.29	2 866.43	140.84
	四川省	3 291.60	644.050	698.87	2 306.79	169.13

附　　录

（续）

年份	粮食主产区	产量（万吨）	粮食播种面积（万公顷）	从事粮食生产劳动人员（万人）	粮食生产机械总动力（万千瓦）	粮食生产化肥施用量（万吨）
2012	河北省	3 246.60	630.240	590.63	7 574.10	236.33
	内蒙古自治区	2 528.50	558.940	206.69	2 563.12	147.67
	辽宁省	2 070.50	321.730	191.13	1 930.79	112.25
	吉林省	3 343.00	461.030	203.73	2 215.94	179.29
	黑龙江省	5 761.50	1 151.950	368.05	4 285.95	226.21
	江苏省	3 372.50	533.660	283.55	2 939.47	230.86
	安徽省	3 289.10	662.200	542.11	4 357.87	246.21
	江西省	2 084.80	367.590	231.34	3 060.33	94.01
	山东省	4 511.40	720.230	645.21	8 231.51	315.68
	河南省	5 638.60	998.520	1 090.99	7 612.16	479.16
	湖北省	2 441.80	418.010	234.65	1 985.78	183.42
	湖南省	3 006.50	490.800	579.09	2 992.12	143.63
	四川省	3 315.00	646.820	704.89	2 474.22	169.46
2013	河北省	3 365.00	631.590	600.81	7 769.41	238.94
	内蒙古自治区	2 773.00	561.730	210.86	2 672.33	157.66
	辽宁省	2 195.60	322.640	192.34	2 017.65	116.37
	吉林省	3 551.00	478.990	209.66	2 415.70	191.84
	黑龙江省	6 004.10	1 156.440	389.56	4 596.36	232.22
	江苏省	3 423.00	536.080	278.53	3 073.76	228.01
	安徽省	3 279.60	662.530	536.19	4 547.64	250.63
	江西省	2 116.10	369.090	227.03	1 338.80	94.12
	山东省	4 528.20	729.460	663.14	8 466.50	314.14
	河南省	5 713.70	1 008.180	1 044.15	7 848.09	490.17
	湖北省	2 501.30	425.840	237.12	2 143.91	184.86
	湖南省	1 315.90	493.660	565.46	3 101.21	141.65
	四川省	3 387.10	646.990	661.88	2 641.57	167.79

（续）

年份	粮食主产区	产量（万吨）	粮食播种面积（万公顷）	从事粮食生产劳动人员（万人）	粮食生产机械总动力（万千瓦）	粮食生产化肥施用量（万吨）
2014	河北省	3 360.20	633.200	581.62	7 952.44	243.89
	内蒙古自治区	2 753.00	565.100	214.23	2 790.62	171.08
	辽宁省	1 753.90	323.510	196.32	2 121.10	117.78
	吉林省	3 532.80	500.070	215.35	2 599.60	201.89
	黑龙江省	6 242.20	1 169.640	381.87	4 932.22	240.99
	江苏省	3 490.60	537.610	278.44	3 255.65	226.57
	安徽省	3 415.80	662.890	518.77	4 717.21	252.99
	江西省	2 143.50	369.730	223.19	1 406.04	94.85
	山东省	4 596.60	744.000	671.22	8 830.88	315.52
	河南省	5 772.30	1 020.980	1 107.44	8 149.49	501.18
	湖北省	2 584.20	437.040	236.08	2 312.75	187.64
	湖南省	3 001.30	497.510	558.19	3 219.72	140.66
	四川省	3 374.90	646.740	667.63	2 782.72	167.36
2015	河北省	3 363.80	639.250	577.36	8 120.86	245.39
	内蒙古自治区	2 827.00	572.670	220.93	2 879.35	173.59
	辽宁省	2 002.50	329.740	227.52	2 198.76	118.85
	吉林省	3 647.00	507.800	215.28	2 818.83	206.73
	黑龙江省	6 324.00	1 176.520	355.61	5 208.21	244.32
	江苏省	3 561.30	542.460	277.13	3 379.78	224.13
	安徽省	3 538.10	663.290	510.25	4 876.95	251.00
	江西省	2 148.70	370.560	242.29	1 501.61	95.38
	山东省	4 712.70	749.210	669.25	9 072.87	314.93
	河南省	6 067.10	1 026.720	1 096.45	8 334.83	509.69
	湖北省	2 703.30	446.600	236.95	2 509.25	187.52
	湖南省	3 002.90	494.470	540.34	3 343.42	139.83
	四川省	3 442.80	645.390	651.70	2 933.59	166.38

（续）

年份	粮食主产区	产量（万吨）	粮食播种面积（万公顷）	从事粮食生产劳动人员（万人）	粮食生产机械总动力（万千瓦）	粮食生产化肥施用量（万吨）
	河北省	3 460.20	632.740	564.82	5 373.13	240.85
	内蒙古自治区	2 780.30	578.480	207.21	2 432.47	171.31
	辽宁省	2 100.60	323.140	218.74	1 724.19	117.76
	吉林省	3 717.20	502.170	197.40	2 747.19	206.66
	黑龙江省	6 058.50	1 180.470	336.52	5 352.37	240.15
	江苏省	3 466.00	543.270	267.45	3 472.25	221.15
2016	安徽省	3 417.10	664.450	497.43	5 130.78	244.31
	江西省	2 138.10	368.620	226.62	1 459.45	94.13
	山东省	4 700.70	751.150	647.35	6 706.76	312.49
	河南省	5 946.60	1 028.620	1 062.10	7 004.45	508.19
	湖北省	2 554.10	443.690	227.59	2 368.95	185.54
	湖南省	2 953.20	489.060	524.12	3 391.27	137.04
	四川省	3 483.50	645.390	673.86	2 830.90	165.19
	河北省	3 829.20	665.850	464.11	6 022.17	255.80
	内蒙古自治区	3 254.50	678.090	204.65	2 620.53	176.78
	辽宁省	2 330.70	346.750	249.94	1 840.92	120.92
	吉林省	4 154.00	554.400	208.12	2 992.08	210.42
	黑龙江省	7 410.30	1 415.430	376.39	5 572.35	240.77
	江苏省	3 610.80	552.730	176.26	3 651.07	222.29
2017	安徽省	4 019.70	732.180	557.60	5 296.59	267.39
	江西省	2 221.70	378.630	186.49	1 550.92	90.65
	山东省	5 374.30	845.560	594.98	7 721.93	334.94
	河南省	6 524.00	1 091.510	613.32	7 437.23	523.58
	湖北省	2 846.10	485.300	352.64	2 644.29	193.91
	湖南省	3 073.60	497.890	451.67	3 742.13	146.76
	四川省	3 488.90	629.200	628.54	2 904.67	159.02

（续）

年份	粮食主产区	产量（万吨）	粮食播种面积（万公顷）	从事粮食生产劳动人员（万人）	粮食生产机械总动力（万千瓦）	粮食生产化肥施用量（万吨）
2018	河北省	3 700.90	653.870	423.56	6 147.12	249.20
	内蒙古自治区	3 553.30	678.990	197.77	2 819.12	171.36
	辽宁省	2 192.40	348.300	253.80	1 857.53	120.04
	吉林省	3 632.70	559.970	212.92	3 191.72	210.23
	黑龙江省	7 506.80	1 421.450	379.54	5 894.45	237.92
	江苏省	3 660.30	547.590	279.02	3 653.68	212.99
	安徽省	4 007.30	731.630	541.88	5 458.43	260.08
	江西省	2 190.70	372.130	161.42	1 595.47	82.52
	山东省	5 319.50	840.480	574.69	7 902.79	318.91
	河南省	6 648.90	1 090.610	616.13	7 528.13	511.10
	湖北省	2 839.50	484.700	430.99	2 696.63	180.28
	湖南省	3 022.90	474.790	425.38	3 710.35	142.01
	四川省	3 493.70	626.560	608.62	3 000.03	153.26
2019	河北省	3 739.20	646.920	383.43	6 228.97	236.49
	内蒙古自治区	3 652.50	682.750	184.67	2 971.06	167.83
	辽宁省	2 430.00	348.870	246.99	1 947.32	115.74
	吉林省	3 877.90	564.490	187.57	3 371.66	209.57
	黑龙江省	7 503.00	1 433.810	351.70	6 173.11	216.77
	江苏省	3 706.20	538.150	260.52	3 696.32	206.94
	安徽省	4 054.00	728.700	512.12	5 518.35	247.27
	江西省	2 157.50	366.510	151.70	1 640.11	76.74
	山东省	5 357.00	831.280	558.61	8 120.21	300.56
	河南省	6 695.40	1 073.450	578.03	7 555.88	486.39
	湖北省	2 725.00	460.860	318.31	2 662.66	161.50
	湖南省	2 974.80	461.640	381.63	3 678.09	130.15
	四川省	3 498.50	627.930	570.02	3 033.28	144.33

（续）

年份	粮食主产区	产量 （万吨）	粮食播种 面积 （万公顷）	从事粮食 生产劳动 人员（万人）	粮食生产 机械总动力 （万千瓦）	粮食生产 化肥施用量 （万吨）
2020	河北省	3 795.90	638.880	325.85	6 291.10	225.64
	内蒙古自治区	3 664.10	683.320	166.74	3 120.59	159.78
	辽宁省	2 338.80	352.720	232.97	2 032.92	113.19
	吉林省	3 803.20	568.180	180.46	3 599.64	208.11
	黑龙江省	7 540.80	1 443.840	327.25	6 560.76	217.11
	江苏省	3 729.10	540.560	251.75	3 768.68	202.97
	安徽省	4 019.20	728.950	290.50	5 620.88	239.65
	江西省	2 163.90	377.240	131.55	1 731.68	72.72
	山东省	5 446.80	828.150	5 196.43	8 339.00	289.69
	河南省	6 825.80	1 073.880	560.84	7 650.30	473.77
	湖北省	2 727.40	464.530	249.87	2 694.83	155.71
	湖南省	3 015.10	475.480	211.96	3 729.64	126.62
	四川省	3 527.40	631.260	504.17	3 046.74	135.10
2021	河北省	3 825.10	642.860	320.36	6 428.28	219.84
	内蒙古自治区	3 840.30	688.430	163.70	3 338.02	190.47
	辽宁省	2 538.70	354.360	221.52	2 089.54	110.51
	吉林省	4 039.20	572.130	184.03	3 836.82	206.21
	黑龙江省	7 867.70	1 455.130	296.60	6 260.82	216.48
	江苏省	3 746.10	542.750	240.35	3 718.44	199.06
	安徽省	4 087.60	730.960	299.11	5 695.40	234.17
	江西省	2 192.30	377.280	126.69	1 792.59	72.23
	山东省	5 500.70	835.510	509.19	8 536.34	283.12
	河南省	6 544.20	1 077.230	536.72	7 801.86	457.63
	湖北省	2 764.30	468.600	240.08	2 734.15	151.75
	湖南省	3 074.30	475.840	206.64	3 735.64	122.59
	四川省	3 582.10	635.770	519.34	3 073.28	131.73

附表7　中国粮食主产区粮食生产技术效率影响因素指标原始数据

年份	省份	劳均播种面积（公顷）	劳均机械使用量（千瓦）	平均化肥施用量（吨）	有效灌溉率（%）	农村居民纯收入（元）	受灾比例（%）	平均受教育年限（年）	财政支农占比（%）	城镇化率（%）
	河北省	11.37	10.63	333.39	0.74	3 171.10	0.29	8.38	4.73	35.83
	内蒙古自治区	23.39	7.00	176.23	0.63	2 606.40	0.77	7.77	7.95	56.01
	辽宁省	13.41	5.81	316.65	0.52	3 307.10	0.43	8.92	5.58	45.87
	吉林省	19.10	5.14	324.43	0.37	2 999.60	0.59	8.70	5.32	45.17
	黑龙江省	25.67	5.07	145.42	0.27	3 005.20	0.45	8.41	7.87	52.80
	江苏省	13.15	5.23	439.17	0.80	4 753.90	0.20	7.69	6.29	48.18
2004	安徽省	10.01	4.12	301.73	0.52	2 499.30	0.11	7.66	6.43	33.50
	江西省	11.59	3.28	238.29	0.55	2 786.80	0.33	8.29	6.15	35.58
	山东省	8.91	7.33	423.93	0.77	3 507.40	0.34	7.85	6.12	44.15
	河南省	7.88	4.30	357.66	0.20	2 553.20	0.25	7.97	5.04	28.91
	湖北省	11.91	2.93	393.94	0.56	2 890.00	0.42	7.92	5.25	43.68
	湖南省	8.74	3.24	257.67	0.56	2 837.80	0.24	8.05	6.31	35.50
	四川省	9.04	1.93	228.71	0.39	2 518.90	0.23	7.42	6.63	35.25
	河北省	11.93	11.52	345.34	0.73	3 481.64	0.18	8.38	7.46	37.69
	内蒙古自治区	24.29	7.51	187.75	0.62	2 988.87	0.41	8.17	13.41	47.20
	辽宁省	14.44	7.30	315.80	0.50	3 690.21	0.32	8.84	6.42	58.70
	吉林省	20.01	5.94	278.76	0.38	3 263.99	0.24	8.80	7.29	52.52
	黑龙江省	26.07	5.78	149.65	0.28	3 221.27	0.24	8.49	8.53	53.10
	江苏省	14.41	5.91	446.00	0.78	5 276.29	0.34	7.81	5.77	50.50
2005	安徽省	10.57	4.59	311.47	0.52	2 640.96	0.45	7.49	8.09	35.50
	江西省	12.36	4.19	246.41	0.53	3 128.89	0.41	7.98	9.33	37.00
	山东省	9.65	8.27	435.54	0.71	3 930.55	0.27	7.94	6.15	45.00
	河南省	8.23	4.69	372.13	0.53	2 870.58	0.23	8.22	6.14	30.65
	湖北省	12.59	3.56	392.61	0.53	3 099.20	0.66	8.10	8.33	43.20
	湖南省	8.87	3.55	263.11	0.56	3 117.74	0.43	8.16	10.30	37.00
	四川省	9.69	2.23	233.01	0.38	2 802.78	0.24	7.45	11.98	33.00

（续）

年份	省份	劳均播种面积（公顷）	劳均机械使用量（千瓦）	平均化肥施用量（吨）	有效灌溉率（%）	农村居民纯收入（元）	受灾比例（%）	平均受教育年限（年）	财政支农占比（%）	城镇化率（%）
2006	河北省	11.53	11.55	347.36	0.74	3 801.82	0.37	8.17	6.46	38.77
	内蒙古自治区	24.06	7.89	204.07	0.62	3 341.88	0.80	8.22	10.56	48.64
	辽宁省	14.24	7.55	321.44	0.48	4 090.40	0.35	8.75	5.85	58.99
	吉林省	19.30	6.09	294.31	0.38	3 641.13	0.24	8.47	6.75	52.97
	黑龙江省	26.75	6.57	154.95	0.29	3 552.43	0.37	8.46	7.77	53.50
	江苏省	15.10	6.51	449.49	0.77	5 813.23	0.34	8.13	5.83	51.90
	安徽省	10.32	4.79	321.80	0.52	2 969.08	0.23	7.04	6.68	37.10
	江西省	12.61	5.03	247.20	0.52	3 459.53	0.36	7.53	8.10	38.68
	山东省	97.70	87.02	456.59	0.71	4 368.33	0.28	7.72	6.11	46.10
	河南省	8.39	4.92	380.97	0.53	3 261.03	0.17	7.99	5.75	32.47
	湖北省	12.43	3.83	397.92	0.51	3 419.35	0.53	7.82	7.38	43.80
	湖南省	8.75	3.73	265.94	0.56	3 389.62	0.46	7.99	8.23	38.71
	四川省	10.33	2.51	236.07	0.38	3 002.38	0.45	6.84	8.78	34.30
2007	河北省	10.98	11.59	360.47	0.74	4 293.40	0.38	8.13	5.98	40.25
	内蒙古自治区	25.84	8.44	207.50	0.55	3 953.10	0.66	8.19	10.80	50.15
	辽宁省	14.06	7.37	344.23	0.48	4 773.40	0.77	8.92	5.32	59.20
	吉林省	21.28	7.22	312.30	0.38	4 191.30	0.70	8.66	7.57	53.16
	黑龙江省	30.84	7.22	147.25	0.27	4 132.30	0.61	8.53	8.34	53.90
	江苏省	15.82	7.24	461.68	0.74	6 561.00	0.31	8.25	6.08	53.20
	安徽省	10.60	5.43	344.48	0.53	3 556.30	0.31	7.34	5.90	38.70
	江西省	13.43	6.42	253.00	0.52	4 044.70	0.37	7.71	8.12	39.80
	山东省	10.07	9.31	466.51	0.70	4 985.30	0.27	8.09	5.91	46.75
	河南省	8.33	5.16	404.39	0.52	3 851.60	0.22	8.05	5.28	34.34
	湖北省	13.38	4.86	426.60	0.53	3 997.50	0.70	8.26	6.73	44.30
	湖南省	8.28	4.13	297.13	0.60	3 904.20	0.48	8.17	7.92	40.45
	四川省	10.81	2.94	256.73	0.39	3 546.70	0.39	7.24	8.40	35.60

（续）

年份	省份	劳均播种面积（公顷）	劳均机械使用量（千瓦）	平均化肥施用量（吨）	有效灌溉率（%）	农村居民纯收入（元）	受灾比例（%）	平均受教育年限（年）	财政支农占比（%）	城镇化率（%）
	河北省	11.73	12.83	358.54	0.74	4 795.50	0.19	8.17	7.43	41.90
	内蒙古自治区	27.72	11.23	224.61	0.55	4 656.20	0.48	8.36	10.03	51.71
	辽宁省	15.68	8.52	342.44	0.49	5 576.50	0.18	8.99	6.90	60.05
	吉林省	21.95	7.90	327.72	0.38	4 932.70	0.13	8.78	9.06	53.21
	黑龙江省	33.14	8.28	149.48	0.28	4 855.60	0.22	8.70	8.93	55.40
	江苏省	17.22	8.33	453.78	0.72	7 356.50	0.09	8.43	7.58	54.30
2008	安徽省	11.51	6.17	342.45	0.53	4 202.50	0.19	7.24	8.32	40.50
	江西省	14.55	8.04	249.49	0.51	4 697.20	0.66	8.25	11.44	41.36
	山东省	10.47	10.07	442.49	0.70	5 641.40	0.10	8.23	7.21	47.60
	河南省	9.09	6.06	425.31	0.52	4 454.20	0.10	8.18	8.15	36.03
	湖北省	15.54	5.92	445.91	0.60	4 656.40	1.03	8.42	9.99	45.20
	湖南省	9.18	4.92	297.72	0.59	4 512.50	0.97	8.42	9.28	42.15
	四川省	10.50	2.99	257.23	0.39	4 121.20	0.22	7.43	9.99	37.40
	河北省	10.42	11.83	364.18	0.73	5 149.70	0.42	8.36	8.07	43.74
	内蒙古自治区	28.15	11.75	247.41	0.54	4 937.80	0.88	8.37	11.05	53.40
	辽宁省	17.33	9.48	340.89	0.48	5 958.00	0.70	9.08	6.93	60.35
	吉林省	22.98	9.06	343.08	0.38	5 265.90	0.60	8.89	9.10	53.32
	黑龙江省	32.94	9.24	163.98	0.30	5 206.80	0.65	8.70	9.61	55.50
	江苏省	16.87	8.51	455.13	0.72	8 003.50	0.23	8.44	8.50	55.60
2009	安徽省	11.37	6.43	346.16	0.53	4 504.30	0.32	7.44	8.30	42.10
	江西省	14.72	9.19	252.59	0.51	5 075.00	0.38	8.26	12.15	43.18
	山东省	10.03	10.32	438.75	0.70	6 118.80	0.33	8.28	8.70	48.32
	河南省	8.79	6.09	443.33	0.52	4 807.00	0.31	8.34	9.19	37.70
	湖北省	15.33	6.23	452.08	0.59	5 035.30	0.46	8.49	10.71	46.00
	湖南省	8.60	4.67	288.80	0.57	4 909.00	0.38	8.43	9.99	43.20
	四川省	8.96	2.79	261.70	0.39	4 462.10	0.25	7.51	8.23	38.70

（续）

年份	省份	劳均播种面积（公顷）	劳均机械使用量（千瓦）	平均化肥施用量（吨）	有效灌溉率（%）	农村居民纯收入（元）	受灾比例（%）	平均受教育年限（年）	财政支农占比（%）	城镇化率（%）
2010	河北省	10.43	12.14	370.37	0.72	5 958.00	0.24	8.42	11.28	44.50
	内蒙古自治区	26.53	11.49	253.05	0.55	5 529.60	0.37	8.49	11.54	55.50
	辽宁省	16.73	9.23	343.90	0.48	6 907.90	0.24	9.24	8.97	62.10
	吉林省	22.21	9.12	350.10	0.38	6 237.40	0.20	8.90	13.82	53.35
	黑龙江省	33.24	10.22	176.78	0.34	6 210.70	0.13	8.75	10.25	55.66
	江苏省	16.78	8.67	447.66	0.72	9 118.20	0.12	8.55	10.04	60.58
	安徽省	11.38	6.80	353.24	0.53	5 285.20	0.26	7.62	12.10	43.01
	江西省	15.20	10.60	252.12	0.51	5 788.60	0.57	8.52	13.02	44.06
	山东省	9.83	10.57	439.35	0.70	6 990.30	0.36	8.31	11.30	49.70
	河南省	8.55	6.12	459.83	0.52	5 523.70	0.16	8.39	12.44	38.50
	湖北省	16.19	6.82	438.63	0.58	5 832.30	0.61	8.49	12.19	49.70
	湖南省	8.22	4.65	287.97	0.57	5 622.00	0.59	8.47	12.50	43.30
	四川省	8.77	2.92	261.64	0.40	5 086.90	0.36	7.69	8.99	40.18
2011	河北省	10.80	12.74	371.91	0.73	7 119.70	0.22	8.17	11.09	45.60
	内蒙古自治区	26.86	11.99	248.81	0.55	6 641.60	0.37	8.50	12.36	56.62
	辽宁省	17.36	10.05	348.80	0.50	8 296.50	0.14	9.05	9.04	64.05
	吉林省	22.82	10.29	373.78	0.40	7 510.00	0.14	8.84	13.37	53.40
	黑龙江省	32.27	10.82	186.86	0.38	7 590.70	0.13	8.75	15.00	56.50
	江苏省	18.50	9.91	440.03	0.72	10 805.00	0.19	8.60	9.95	61.90
	安徽省	12.19	7.64	365.40	0.54	6 232.20	0.20	7.46	11.30	44.80
	江西省	15.53	11.89	256.62	0.51	6 891.60	0.29	7.78	12.08	45.70
	山东省	10.57	11.77	435.88	0.70	8 342.10	0.30	8.17	11.24	50.95
	河南省	9.28	6.84	472.49	0.52	6 604.00	0.15	7.88	11.69	40.57
	湖北省	16.73	7.46	443.09	0.60	6 897.90	0.63	8.46	12.21	51.83
	湖南省	8.50	4.99	288.62	0.57	6 567.10	0.49	8.23	11.94	45.10
	四川省	9.22	3.30	262.61	0.40	6 128.60	0.24	7.64	9.44	41.83

（续）

年份	省份	劳均播种面积（公顷）	劳均机械使用量（千瓦）	平均化肥施用量（吨）	有效灌溉率（%）	农村居民纯收入（元）	受灾比例（%）	平均受教育年限（年）	财政支农占比（%）	城镇化率（%）
2012	河北省	10.67	12.82	374.98	0.73	8 081.40	0.21	8.67	10.35	46.80
	内蒙古自治区	27.04	12.40	264.19	0.56	7 611.30	0.37	9.23	13.10	57.74
	辽宁省	16.83	10.10	348.88	0.53	9 383.70	0.11	9.47	8.43	65.65
	吉林省	22.63	10.88	388.89	0.40	8 598.20	0.14	9.10	11.61	53.70
	黑龙江省	31.30	11.65	196.37	0.41	8 603.80	0.21	9.11	12.74	56.90
	江苏省	18.82	10.37	432.59	0.74	12 202.00	0.13	9.16	9.94	63.00
	安徽省	12.22	8.04	371.81	0.54	7 160.50	0.17	8.25	10.65	46.50
	江西省	15.89	13.23	255.75	0.52	7 829.40	0.18	8.74	11.36	47.51
	山东省	11.16	12.76	438.30	0.70	9 446.50	0.25	8.67	11.28	52.43
	河南省	9.15	6.98	479.87	0.14	7 524.90	0.14	8.70	11.31	42.43
	湖北省	17.81	8.46	438.80	0.61	7 851.70	0.41	9.05	11.70	53.50
	湖南省	8.48	5.17	292.65	0.55	7 440.20	0.25	8.81	11.20	46.65
	四川省	9.18	3.51	261.99	0.41	7 001.40	0.15	8.22	11.67	43.53
2013	河北省	10.51	12.93	378.32	0.69	9 187.70	0.18	8.71	10.87	48.12
	内蒙古自治区	26.64	12.67	280.67	0.53	8 984.90	0.31	9.23	13.16	58.71
	辽宁省	16.77	10.49	360.67	0.44	10 161.20	0.14	9.90	8.88	66.45
	吉林省	22.85	11.52	400.51	0.32	9 780.70	0.13	9.25	11.79	54.20
	黑龙江省	29.69	11.80	200.81	0.46	9 369.00	0.24	9.21	13.57	57.40
	江苏省	19.25	11.04	425.32	0.71	16 256.70	0.09	9.26	10.73	64.11
	安徽省	12.36	8.48	378.29	0.65	8 850.00	0.27	8.52	10.87	47.86
	江西省	16.26	5.90	255.02	0.54	9 088.80	0.28	8.87	12.74	48.87
	山东省	11.00	12.77	430.65	0.65	10 686.90	0.20	8.78	11.41	53.75
	河南省	9.66	7.52	486.19	0.49	8 969.10	0.12	8.66	11.02	43.80
	湖北省	17.96	9.04	434.11	0.66	9 691.80	0.58	9.20	11.14	54.51
	湖南省	8.73	5.48	286.94	0.62	9 028.60	0.62	8.72	10.87	47.96
	四川省	9.78	3.99	259.34	0.40	8 380.70	0.25	8.48	12.02	44.90

附　　录

（续）

年份	省份	劳均播种面积（公顷）	劳均机械使用量（千瓦）	平均化肥施用量（吨）	有效灌溉率（%）	农村居民纯收入（元）	受灾比例（%）	平均受教育年限（年）	财政支农占比（%）	城镇化率（%）
	河北省	10.89	13.67	385.17	0.70	10 186.10	0.23	8.90	11.59	49.33
	内蒙古自治区	26.38	13.03	302.75	0.53	9 976.30	0.33	9.01	12.66	59.51
	辽宁省	16.48	10.80	364.06	0.46	11 191.50	0.60	10.10	8.98	67.05
	吉林省	23.22	12.07	403.72	0.33	10 780.10	0.14	9.40	11.59	54.81
	黑龙江省	30.63	12.92	206.04	0.45	10 453.20	0.07	9.48	13.70	58.01
	江苏省	19.31	11.69	421.43	0.72	14 958.40	0.10	9.42	11.13	65.21
2014	安徽省	12.78	9.09	381.64	0.65	9 916.40	0.10	8.52	10.99	49.15
	江西省	16.57	6.30	256.53	0.54	10 116.60	0.13	9.24	12.64	50.22
	山东省	11.08	13.16	424.08	0.66	11 882.30	0.12	8.92	11.18	55.01
	河南省	9.22	7.36	490.88	0.50	9 966.10	0.19	8.78	11.28	45.20
	湖北省	18.51	9.80	429.35	0.65	10 849.10	0.24	9.34	10.64	55.67
	湖南省	8.91	5.77	282.73	0.62	10 060.20	0.23	8.96	11.01	49.28
	四川省	9.69	4.17	258.78	0.41	9 347.70	0.14	8.45	11.92	46.30
	河北省	11.07	14.07	383.88	0.70	11 050.50	0.28	8.87	12.48	51.33
	内蒙古自治区	25.92	13.03	303.12	0.54	10 775.90	0.47	9.00	13.34	60.30
	辽宁省	14.49	9.66	360.44	0.46	12 056.90	0.45	9.91	8.74	67.35
	吉林省	23.59	13.09	407.11	0.35	11 326.20	0.17	9.37	10.60	55.31
	黑龙江省	33.08	14.65	207.66	0.47	11 095.20	0.10	9.35	14.20	58.80
	江苏省	19.57	12.20	413.17	0.73	13 521.30	0.11	9.35	10.61	66.52
2015	安徽省	13.00	9.56	378.41	0.66	10 820.70	0.15	8.73	10.78	50.50
	江西省	15.29	6.20	257.39	0.55	11 139.10	0.12	8.88	12.88	51.62
	山东省	11.19	13.56	420.35	0.66	12 930.40	0.18	8.98	10.77	57.01
	河南省	9.36	7.60	496.43	0.51	10 852.90	0.02	9.00	10.98	46.85
	湖北省	18.85	10.59	419.87	0.65	11 843.90	0.25	9.11	9.81	56.85
	湖南省	9.15	6.19	282.78	0.63	10 992.50	0.15	9.02	11.11	50.89
	四川省	9.90	4.50	257.79	0.42	10 247.40	0.09	8.35	12.16	47.69

（续）

年份	省份	劳均播种面积（公顷）	劳均机械使用量（千瓦）	平均化肥施用量（吨）	有效灌溉率（%）	农村居民纯收入（元）	受灾比例（%）	平均受教育年限（年）	财政支农占比（%）	城镇化率（%）
2016	河北省	11.20	9.51	380.65	0.70	11 919.40	0.23	8.99	12.65	53.32
	内蒙古自治区	27.92	11.74	296.14	0.54	11 609.00	0.63	9.29	15.88	60.30
	辽宁省	14.77	7.88	364.41	0.49	12 880.70	0.18	9.78	9.95	61.19
	吉林省	25.44	13.92	411.54	0.36	12 122.90	0.15	9.34	12.70	67.37
	黑龙江省	35.08	15.90	203.44	0.50	11 831.90	0.36	9.32	16.95	55.97
	江苏省	20.31	12.98	407.07	0.75	17 605.60	0.06	9.44	10.41	59.20
	安徽省	13.36	10.31	367.68	0.67	11 720.50	0.20	8.74	11.03	67.72
	江西省	16.27	6.44	255.36	0.55	12 137.70	0.21	8.82	12.63	51.99
	山东省	11.60	10.36	416.01	0.69	13 954.10	0.07	8.98	11.69	53.10
	河南省	9.68	6.59	494.05	0.51	11 696.70	0.05	8.78	11.64	59.02
	湖北省	19.49	10.41	418.18	0.65	12 725.00	0.62	9.28	10.05	48.50
	湖南省	9.33	6.47	280.21	0.64	11 930.40	0.28	9.25	11.80	58.10
	四川省	9.58	4.20	255.95	0.44	11 203.10	0.06	8.40	12.36	52.75
2017	河北省	14.35	12.98	384.17	0.67	12 880.90	0.11	9.08	11.79	55.01
	内蒙古自治区	33.13	12.81	260.70	0.47	12 584.30	0.58	9.52	17.83	62.02
	辽宁省	13.87	7.37	348.73	0.46	13 746.80	0.27	9.93	9.41	67.49
	吉林省	26.64	14.38	379.55	0.34	12 950.40	0.18	9.50	14.89	56.65
	黑龙江省	37.61	14.80	170.10	0.43	12 664.80	0.11	9.36	17.56	59.40
	江苏省	31.36	20.71	402.18	0.75	19 158.00	0.02	9.43	8.65	68.76
	安徽省	13.13	9.50	365.20	0.62	12 758.20	0.05	8.55	10.99	53.49
	江西省	20.30	8.32	239.43	0.54	13 241.80	0.12	8.70	11.89	54.60
	山东省	14.21	12.98	396.12	0.61	15 117.50	0.10	9.06	10.30	60.58
	河南省	17.80	12.13	479.69	0.48	12 719.20	0.11	10.77	11.16	50.16
	湖北省	13.76	7.50	399.57	0.60	13 812.10	0.30	10.82	10.51	59.30
	湖南省	11.02	8.29	294.76	0.63	12 935.80	0.24	10.91	11.39	54.62
	四川省	10.01	4.62	252.74	0.46	12 226.90	0.03	9.60	11.77	50.79

（续）

年份	省份	劳均播种面积（公顷）	劳均机械使用量（千瓦）	平均化肥施用量（吨）	有效灌溉率（%）	农村居民纯收入（元）	受灾比例（%）	平均受教育年限（年）	财政支农占比（%）	城镇化率（%）
2018	河北省	15.44	14.51	381.11	0.69	14 030.90	0.09	9.09	11.73	56.43
	内蒙古自治区	34.33	14.25	252.38	0.47	13 802.60	0.39	9.60	18.71	62.71
	辽宁省	13.72	7.32	344.66	0.46	14 656.30	0.42	9.89	8.65	68.10
	吉林省	26.30	14.99	375.44	0.34	13 748.20	0.24	8.86	14.18	57.53
	黑龙江省	37.45	15.53	167.38	0.43	13 803.70	0.29	9.47	17.84	60.10
	江苏省	19.63	13.09	388.95	0.76	20 845.10	0.07	9.30	8.55	69.61
	安徽省	13.50	10.07	355.49	0.62	13 996.00	0.12	8.80	10.72	54.69
	江西省	23.05	9.88	221.75	0.55	14 459.90	0.14	8.87	10.58	56.02
	山东省	14.63	13.75	379.44	0.62	16 297.00	0.12	8.94	9.89	61.18
	河南省	17.70	12.22	468.63	0.48	13 830.70	0.11	8.93	10.86	51.71
	湖北省	11.25	6.26	371.94	0.60	14 977.80	0.22	9.46	10.82	60.30
	湖南省	11.16	8.72	299.10	0.67	14 092.50	0.13	9.32	12.37	56.02
	四川省	10.29	4.93	244.61	0.47	13 331.40	0.08	8.62	13.50	52.29
2019	河北省	16.87	16.25	365.56	0.69	15 373.10	0.05	9.19	11.77	57.62
	内蒙古自治区	36.97	16.09	245.81	0.47	15 282.80	0.21	9.77	17.15	63.37
	辽宁省	14.12	7.88	331.74	0.47	16 108.30	0.09	9.89	8.75	68.11
	吉林省	30.09	17.98	371.25	0.34	14 936.00	0.09	9.42	14.35	58.27
	黑龙江省	40.77	17.55	151.18	0.43	14 982.10	0.25	9.50	17.60	60.90
	江苏省	20.66	14.19	384.54	0.78	22 675.40	0.04	9.55	8.21	70.61
	安徽省	14.23	10.78	339.33	0.63	15 416.00	0.13	8.78	9.96	55.81
	江西省	24.16	10.81	209.37	0.56	15 796.30	0.33	9.16	9.70	57.42
	山东省	14.88	14.54	361.56	0.63	17 775.50	0.16	8.94	10.02	61.51
	河南省	18.57	13.07	453.11	0.50	15 163.70	0.09	9.07	10.43	53.21
	湖北省	14.48	8.36	350.44	0.64	16 390.90	0.31	9.45	10.39	61.00
	湖南省	12.10	9.64	281.92	0.69	15 394.80	0.22	9.47	12.18	57.22
	四川省	11.02	5.32	229.86	0.47	14 670.10	0.05	8.77	12.45	53.79

（续）

年份	省份	劳均播种面积（公顷）	劳均机械使用量（千瓦）	平均化肥施用量（吨）	有效灌溉率（%）	农村居民纯收入（元）	受灾比例（%）	平均受教育年限（年）	财政支农占比（%）	城镇化率（%）
2020	河北省	19.61	19.31	353.18	0.70	16 467.00	0.06	9.28	10.96	60.07
	内蒙古自治区	40.98	18.72	233.82	0.47	16 566.90	0.35	9.65	16.46	67.48
	辽宁省	15.14	8.73	320.91	0.46	17 450.30	0.37	9.99	8.39	72.14
	吉林省	31.48	19.95	366.28	0.34	16 067.00	0.21	9.83	14.00	62.64
	黑龙江省	44.12	20.05	150.37	0.43	16 168.40	0.22	9.63	16.78	65.61
	江苏省	21.47	14.97	375.48	0.78	24 198.50	0.03	9.75	7.98	73.44
	安徽省	24.34	18.77	328.76	0.63	16 620.20	0.17	8.94	12.37	58.33
	江西省	28.68	13.16	192.76	0.54	16 980.80	0.25	9.16	11.09	60.44
	山东省	1.59	1.60	349.80	0.64	18 753.20	0.05	9.30	9.48	63.05
	河南省	19.15	13.64	441.18	0.51	16 107.90	0.06	9.20	11.04	55.43
	湖北省	18.59	10.79	335.20	0.66	16 305.90	0.35	9.60	10.29	62.89
	湖南省	22.43	17.60	266.31	0.67	16 584.60	0.17	9.38	11.75	58.76
	四川省	12.52	6.04	214.01	0.47	15 929.10	0.10	8.89	11.96	56.73
2021	河北省	20.07	20.07	341.97	0.70	18 171.90	0.06	9.32	10.45	61.14
	内蒙古自治区	42.05	20.39	276.67	0.46	18 336.80	0.19	9.73	15.63	68.21
	辽宁省	16.00	9.43	311.86	0.46	19 216.60	0.07	9.98	6.96	72.81
	吉林省	31.09	20.85	360.43	0.33	17 641.70	0.04	9.93	12.51	63.36
	黑龙江省	49.06	21.11	148.77	0.42	17 889.30	0.06	9.73	17.02	65.69
	江苏省	22.58	15.47	366.76	0.78	26 790.80	0.02	9.85	7.58	73.94
	安徽省	24.44	19.04	320.36	0.63	18 371.70	0.04	8.96	12.42	59.39
	江西省	29.78	14.15	191.44	0.54	18 684.20	0.11	9.24	11.24	61.46
	山东省	16.41	16.76	338.86	0.63	20 793.90	0.01	9.42	8.77	63.94
	河南省	20.07	14.54	424.82	0.51	17 533.30	0.15	9.26	10.38	56.45
	湖北省	19.52	11.39	323.83	0.66	18 259.00	0.11	9.66	10.61	64.09
	湖南省	23.03	18.08	257.63	0.67	18 295.20	0.09	9.49	11.40	59.71
	四川省	12.24	5.92	207.20	0.47	17 575.30	0.04	8.97	11.86	57.82

后　记
POSTSCRIPT

    粮食是维持人类生存的基本要素，为人类健康生存提供营养。正因为如此，粮食事关国运民生，粮食安全成为国家安全的基础。从粮食的生产、消费的格局来看，中国粮食主产区的粮食产量占全国总产量的 75% 以上，特别是黑龙江、吉林、辽宁、内蒙古、河北、山东、河南这 7 个北方主产省份占全国粮食总产量约五成。粮食主产区为保障国家粮食安全做出了突出贡献。因此，本研究以 13 个粮食主产区为研究对象，构建随机前沿生产函数模型及效率损失函数，探究中国粮食主产区粮食生产技术效率提升路径。以期为中国粮食主产区粮食生产优化投入要素结构，提升粮食生产技术效率提供新思路。

    但是，粮食是一个大品种概念，不同品种在种植结构、劳动力使用以及所需生产条件方面均存在一定差异，进行整体测算过程中可能会忽略地区某些优势或劣势因素，因此，给出的对策建议也相对宏观。未来考虑在实证部分增加对不同品种、不同地区粮食作物技术效率的测算分析。一方面考虑是数据来源，通过农产品成本收益年鉴可以得到不同品种农作物更加确切的投入要素数据，使得计算结果更加准确；另一方面，可以得到分品种粮食作物生产技术效率空间布局，为生产结构优化调整提供决策依据。

    笔者从事农业经济管理研究多年，始终牢记自己的初心和使命，涵养"三农"情怀，期待为描绘农业高质高效、乡村宜居宜业、农民富裕富足的美好画卷添上一抹色彩。

图书在版编目（CIP）数据

中国粮食主产区粮食生产技术效率评价及提升路径研究／何尧，郝平，费聿珉著.—北京：中国农业出版社，2023.12
ISBN 978-7-109-31650-8

Ⅰ.①中⋯　Ⅱ.①何⋯ ②郝⋯ ③费⋯　Ⅲ.①粮食工业－生产效率－研究－中国　Ⅳ.①F326.11

中国国家版本馆 CIP 数据核字（2024）第 021953 号

中国农业出版社出版

地址：北京市朝阳区麦子店街 18 号楼
邮编：100125
责任编辑：肖　杨
版式设计：王　晨　　责任校对：史鑫宇
印刷：北京中兴印刷有限公司
版次：2023 年 12 月第 1 版
印次：2023 年 12 月北京第 1 次印刷
发行：新华书店北京发行所
开本：720mm×960mm　1/16
印张：11.75
字数：180 千字
定价：78.00 元
